あなたの後ろの本当は怖い場所
屋外編
作・野宮麻未・他

もくじ

本当《ほんとう》は怖《こわ》い遊園地《ゆうえんち》

本当《ほんとう》は怖《こわ》い交差点《こうさてん》

本当《ほんとう》は怖《こわ》い墓地《ぼち》

本当《ほんとう》は怖《こわ》い川《かわ》

本当《ほんとう》は怖《こわ》いプール

夏場《なつば》、多《おお》くの人《ひと》を楽《たの》しませてくれるプール。
しかし、「幽霊《ゆうれい》は水場《みずば》を好《この》む」とも言《い》われ……。
"生《い》きた人間《にんげん》"を楽《たの》しませてくれるだけの存在《そんざい》でもなさそうです。

もの言《い》う死体《したい》

華恵《はなえ》さんは死体《したい》を発見《はっけん》したことがある。場所《ばしょ》は、市民《しみん》プールだ。

華恵《はなえ》さんの住《す》んでいる市《し》では、夏《なつ》の間《あいだ》、市民《しみん》プールを格安《かくやす》で利用《りよう》できる。人気《にんき》はウォータースライダーがある屋外《おくがい》プールで、いつ行《い》ってもたくさんの人《ひと》で混《こ》んでいる。

そのため、たまに夜《よる》、忍《しの》び込《こ》んで遊《あそ》ぶ若者《わかもの》がいる。

市民《しみん》プールの近所《きんじょ》に住《す》んでいる華恵《はなえ》さんの家《いえ》まで笑《わら》い声《ごえ》が聞《き》こえてくることもあり、夏《なつ》になるたびに華恵《はなえ》さんはイヤだなあと思《おも》っていた。

プールに浮《う》かぶ人《ひと》

その夜《よる》は、特別《とくべつ》大《おお》きな笑《わら》い声《ごえ》が市民《しみん》プールから華恵《はなえ》さんの家《いえ》まで聞《き》こえてきた。

「警察《けいさつ》に通報《つうほう》するか？」

とお父《とう》さんが言《い》いだした。「まあ、まあ」と家族《かぞく》でなだめたが、30分《ぷん》ほどしても若者《わかもの》の大声《おおごえ》や笑《わら》い声《ごえ》はおさまらない。時刻《じこく》は21時《じ》をとっくに過《す》ぎている。とうとう、華恵《はなえ》さんのお姉《ねえ》さんがお父《とう》さんのところに家《いえ》の電話《でんわ》を持《も》っていった。

ちょうどその時《とき》、笑《わら》い声《ごえ》がおさまった。

「誰《だれ》か、別《べつ》の家《うち》の人《ひと》が通報《つうほう》してくれたのかな」

とお姉《ねえ》さんが言《い》った。

「プールに警察《けいさつ》がいるか、ちょっと2階《かい》からのぞいてみようよ」

とお姉《ねえ》さんが華恵《はなえ》さんの手《て》をひっ

ぱった。

（ちょっぴり見《み》たい）

と思《おも》った華恵《はなえ》さんは、お姉《ねえ》さんの後《あと》についていった。華恵《はなえ》さんの家《いえ》の2階《かい》のベランダからは、昼間《ひるま》は誰《だれ》が泳《およ》いでいるかを確認《かくにん》できるくらい、市民《しみん》プールがよく見《み》える。

　しかし、さすがに夜《よる》は暗《くら》がりで、何《なに》も見《み》えなかった。

「あなたたち、そろそろ寝《ね》なさい」

と、1階《かい》からお母《かあ》さんの声《こえ》が聞《き》こえてきた。時刻《じこく》は22時《じ》になろうとしていた。

　そんなこともあって、華恵《はなえ》さんは朝《あさ》6時《じ》のラジオ体操《たいそう》をしに地区《ちく》の集《しゅう》会場《かいじょう》に行《い》く途中《とちゅう》、市民《しみん》プールをのぞいてみた。

　するとそこに、若《わか》い男性《だんせい》が顔《かお》を上《うえ》に向《む》けてプカプカと浮《う》かんでいた。

（まだ泳《およ》いでいたんだ）

　ヤバい、ととっさに思《おも》った華恵《はなえ》さんは、逃《に》げ出《だ》そうとした。すると男《だん》性《せい》が、

「大丈夫《だいじょうぶ》」

と華恵《はなえ》さんに言《い》った。

「大丈夫《だいじょうぶ》、怖《こわ》くないよ。でもオレ、ケガしたみたいで動《うご》けないんだ。大人《おとな》を呼《よ》んで来《き》てくれる?」

　華恵《はなえ》さんは無言《むごん》でうなずき、ダッシュでラジオ体操《たいそう》の集会場《しゅうかいじょう》まで大人《おとな》を呼《よ》びに行《い》った。

殴《なぐ》られた跡《あと》

　華恵《はなえ》さんがラジオ体操《たいそう》の係《かかり》の大人《おとな》を連《つ》れてプールに戻《もど》ると、男性《だんせい》はま

だプカプカと浮《う》かんでいた。顔《かお》は水《すい》面《めん》につけている。

華恵《はなえ》さんは大声《おおごえ》で、

「あのー。連《つ》れて来《き》ました！」

と叫《さけ》んでみた。反応《はんのう》がない。

誰《だれ》かが叫《さけ》び声《ごえ》をあげて、何人《なんにん》かが、ワラワラとプールサイドまで行《い》った。そして何《なに》やら叫《さけ》んでプールの中《なか》に入《はい》り、男性《だんせい》を抱《かか》え上《あ》げた。

男性《だんせい》は死《し》んでいた。しかも、プールサイドに引《ひ》き上《あ》げられた顔《かお》を見《み》ると、赤黒《あかぐろ》くふくれあがっていて、華《はな》恵《え》さんが見《み》ても誰《だれ》かに殴《なぐ》られた結果《けっか》だということがわかった。

（私《わたし》がラジオ体操《たいそう》の人《ひと》を呼《よ》びに行《い》っている間《あいだ》に、何《なに》があったの？）

華恵《はなえ》さんは、もっと速《はや》く走《はし》ればよかったと後悔《こうかい》した。

そして何度《なんど》も、男性《だんせい》と話《はなし》をしたあの光景《こうけい》を思《おも》い出《だ》した。華恵《はなえ》さんが見《み》た男性《だんせい》の顔《かお》には、傷《きず》ひとつなかった。

しかしその後《ご》、華恵《はなえ》さんは、その男性《だんせい》の死体《したい》を調《しら》べた結果《けっか》、死後数時《しごすうじ》間経《かんた》っていたはずだ、とお母《かあ》さんから聞《き》かされた。

そして、亡《な》くなった原因《げんいん》は、昨晩《さくばん》一緒《いっしょ》に忍《しの》び込《こ》んだ人《ひと》たちから受《う》けた暴行《ぼうこう》だったのではないかと……。

ではあの時《とき》、華恵《はなえ》さんと話《はな》した人《ひと》は誰《だれ》だったのだろう？

夏《なつ》の間《あいだ》、市民《しみん》プールの周囲《しゅうい》は警察《けいさつ》の見回《みまわ》りが強化《きょうか》され、夜中《よなか》に忍《しの》び込《こ》んで遊《あそ》ぶような声《こえ》は聞《き》かれなくなった。

2 ビート板《ばん》の生首《なまくび》

太郎《たろう》くんの小学校《しょうがっこう》のプールには、たくさんの怪談話《かいだんばなし》がある。

なんでも、太郎《たろう》くんの学校《がっこう》が建《た》っている辺《あた》りは戦国時代《せんごくじだい》は合戦場《かっせんば》で、さらにその後《ご》、墓地《ぼち》として利用《りよう》されていたらしい。

プールに怖《こわ》い話《はなし》が集中《しゅうちゅう》するのは、

「幽霊《ゆうれい》は、水《みず》があるところが好《す》きだからだ」

と、太郎《たろう》くんのお父《とう》さんは主張《しゅちょう》する。ともかく太郎《たろう》くんの小学校《しょうがっこう》では、プールが心霊的《しんれいてき》な意味《いみ》で怖《こわ》がられていた。

こんな話《はなし》がある。

昔《むかし》、このプールの更衣室《こういしつ》で、水泳《すいえい》部《ぶ》の男《おとこ》の子《こ》がひとりで着替《きが》えをしていた。宿題《しゅくだい》を忘《わす》れたバツで、教室《きょうしつ》に居残《いのこ》りをさせられていたからで、

「遅刻《ちこく》だー!!」

とランドセルをロッカーに放《ほう》り投《な》げ、バタバタと服《ふく》を脱《ぬ》いだ。

その時《とき》、バタン、と更衣室《こういしつ》の扉《とびら》が開《あ》いた。

(誰《だれ》だろう?)

と男《おとこ》の子《こ》は思《おも》ったが、着替《きが》えに夢《む》中《ちゅう》だった。

着替《きが》え終《お》わり、更衣室《こういしつ》の入《い》り口《ぐち》のほうを見《み》ると……男《おとこ》の子《こ》に向《む》かって、男性《だんせい》の生首《なまくび》がコロコロと転《ころ》がってきた。驚《おどろ》いた男《おとこ》の子《こ》が自分《じぶん》の足下《あしもと》を見《み》ると……男女《だんじょ》たくさんの生首《なまくび》が、男《おとこ》の子《こ》のほうを向《む》いてニヤニヤと笑《わら》っていたという。

友《とも》だちのいないプール

こういった現象《げんしょう》は、必《かなら》ずひとりの時《とき》に起《お》こるという。

「帰《かえ》りにひとりでシャワーを浴《あ》びていると、いつの間《ま》にかシャワーが血《ち》の色《いろ》に変《か》わった」

「消毒《しょうどく》そうで足《あし》をひっぱられた」

「夜中《よなか》、ひとりでプールのそばを通《とお》りかかると、誰《だれ》もいないのにパシャパシャという水《みず》の音《おと》が聞《き》こえる」

というウワサ話《ばなし》もある。

そのため、太郎《たろう》くんもひとりにならないように細心《さいしん》の注意《ちゅうい》をはらっていたはずだった。

しかし、事件《じけん》は起《お》きた。

その日《ひ》はちょうど、お盆《ぼん》の時期《じき》の初日《しょにち》だった。

太郎《たろう》くんの小学校《しょうがっこう》は、「新興住宅《しんこうじゅうたく》

地《ち》」と呼《よ》ばれるエリアにある。

そのためお盆《ぼん》とお正月《しょうがつ》は、子《こ》どもたちの多《おお》くが、両親《りょうしん》のどちらかの実《じっ》家《か》に帰《かえ》ってしまう。車《くるま》の通《とお》りも少《すく》なくなり、町全体《まちぜんたい》がガランとする。

プールも同様《どうよう》だ。

太郎《たろう》くんの小学校《しょうがっこう》は夏《なつ》の間《あいだ》、監視《かんし》員《いん》のいる時間《じかん》なら無料《むりょう》で自由《じゆう》に泳《およ》ぐことができる。普段《ふだん》ならプールが開《あ》く時間《じかん》には子《こ》どもたちで行列《ぎょうれつ》ができている。

しかし、この日《ひ》はまばらだった。

（仲《なか》がいい子《こ》もいなさそうだし帰《かえ》ろうかな）

と太郎《たろう》くんは一瞬《いっしゅん》思《おも》ったが、ギラギラと照《て》りつける太陽《たいよう》の下《した》を、水遊《みずあそ》びをあきらめて家《いえ》までトボトボ歩《ある》く気《き》にはなれなかった。

（ちょっとだけ泳《およ》いだら、帰《かえ》ろう）

そう思《おも》ったことが失敗《しっぱい》だった。

探《さが》しものをする男《おとこ》の子《こ》

人《ひと》が少《すく》ないとはいえ、更衣室《こういしつ》には何人《なんにん》か顔見知《かおみし》りがいた。ホッとしながら太郎《たろう》くんはTシャツを脱《ぬ》ぐと、プールへ駆《か》け込《こ》んだ。

しかし思《おも》った通《とお》り、一緒《いっしょ》に遊《あそ》んでくれるような友《とも》だちはいなかった。

（つまんねーな）

と、ビート板《ばん》でひとり平泳《ひらおよ》ぎの足《あし》の動《うご》きの練習《れんしゅう》をしていると、同《おな》じようにビート板《ばん》に頭《あたま》を乗《の》せた男《おとこ》の子《こ》が、遠《とお》くから、

「お前《まえ》、うまいな」

と声《こえ》をかけてきた。同年代《どうねんだい》だろうが、全《まった》く見《み》たことのない顔《かお》だ。

（この辺《へん》の家《いえ》の親《しん》せきの子《こ》かな）

と思《おも》った太郎《たろう》くんは、

「何《なに》してるのー？」

と声《こえ》をかけた。

「探《さが》しものー」

男《おとこ》の子《こ》は返答《へんとう》した。

（プールに何《なに》か落《お》としたんだな）

と思《おも》った太郎《たろう》くんは、

「一緒《いっしょ》に探《さが》してやるよ。で、何探《なにさが》してるの？」

と、バタ足《あし》で男《おとこ》の子《こ》のところまで泳《およ》いで行《い》った。しかし、何《なに》かがおかしい。

男《おとこ》の子《こ》を見《み》て太郎《たろう》くんはハッとした。男《おとこ》の子《こ》はニヤッと笑《わら》って言《い》った。

「オレの体《からだ》」

よくよく見《み》ると、ビート板《ばん》の上《うえ》には男《おとこ》の子《こ》の生首《なまくび》が乗《の》っかっていた。

「！！！！」

太郎《たろう》くんは一目散《いちもくさん》にプールサイドまで逃《に》げた。あれは何《なん》だったんだろうと、男《おとこ》の子《こ》がいた辺《あた》りを振《ふ》り返《かえ》ると、ビート板《ばん》だけがプカプカと浮《う》いていた。

本当《ほんとう》は怖《こわ》い

電車《でんしゃ》・バス

私《わたし》たちを目的《もくてき》の場所《ばしょ》に運《はこ》んでくれる、電車《でんしゃ》やバス。
便利《べんり》な反面《はんめん》、逃《に》げることのできないこの空間《くうかん》で恐《おそ》ろしい出来事《できごと》が起《お》きたとしたら、
あなたはどうしますか？

電車《でんしゃ》の忘《わす》れ物《もの》

和香《わか》さんは週《しゅう》1回《かい》、自分《じぶん》が住《す》む町《まち》の駅《えき》から4駅先《えきさき》にある、そろばん教室《きょうしつ》に通《かよ》っている。

雨《あめ》が降《ふ》るとお母《かあ》さんが車《くるま》で送《おく》ってくれるが、小学《しょうがく》4年生《ねんせい》になってからは、ほぼひとりで通《かよ》っている。

といっても、和香《わか》さんの家《いえ》から駅《えき》までは歩《ある》いて2分《ふん》ほどで、そろばん教室《きょうしつ》も駅《えき》のすぐ近《ちか》くにある。

というわけで、教室《きょうしつ》に通《かよ》っていて、和香《わか》さんが怖《こわ》い思《おも》いをすることは、まずなかった。

しかしある事件《じけん》をきっかけに、和香《わか》さんは電車《でんしゃ》に乗《の》ることが、怖《こわ》くなってしまった。

7月《がつ》に入《はい》ったばかりの暑《あつ》い日《ひ》のことだ。

いつものようにそろばん教室《きょうしつ》に行《い》こうと和香《わか》さんが電車《でんしゃ》に乗《の》ると、あみ棚《だな》から1本《ぽん》のマフラーがぶら下《さ》がっているのが見《み》えた。

（誰《だれ》のだろう）

辺《あた》りを見《み》わたしたが、お年寄《としよ》りがちらほらいるだけで、持《も》ち主《ぬし》らしき人《ひと》はいない。

（忘《わす》れ物《もの》かな）

気《き》になった和香《わか》さんは、ぶら下《さ》がったマフラーを引《ひ》っぱった。チェック柄《がら》で、イギリスの有名《ゆうめい》ブランドのものだと一目《ひとめ》で分《わ》かった。

というのも、似《に》たようなマフラーを高校生《こうこうせい》のお姉《ねえ》ちゃんが持《も》っていたからだ。お姉《ねえ》ちゃんは冬《ふゆ》の間《あいだ》、

「いいでしょう?」

と、和香《わか》さんに散々《さんざん》自慢《じまん》をしていた。

(へえ。こんな感触《かんしょく》なんだ)

和香《わか》さんは感触《かんしょく》を楽《たの》しんだものの、

(でも、この暑《あつ》いのにマフラーの忘《わす》れ物《もの》?)

と何度《なんど》も首《くび》をかしげた。そしてマフラーを元《もと》あったあみ棚《だな》に返《かえ》そうとした。しかし、思《おも》ったよりも高《たか》くて手《て》が届《とど》かない。

(仕方《しかた》がない。駅員《えきいん》さんに持《も》って行《い》こう)

とマフラーをしっかり手《て》に握《にぎ》って電車《でんしゃ》を降《お》りた。

しまい込《こ》んだマフラー

その時《とき》、お母《かあ》さんに持《も》たされている携帯電話《けいたいでんわ》が鳴《な》った。電話《でんわ》の相手《あいて》はそろばん教室《きょうしつ》の先生《せんせい》だった。

「和香《わか》ちゃん? もう駅《えき》に着《つ》いた? 先生《せんせい》、急《きゅう》な用事《ようじ》ができちゃって今日《きょう》のお教室《きょうしつ》はお休《やす》みにしてほしいの。大丈夫《だいじょうぶ》かな」

「大丈夫《だいじょうぶ》です」

和香《わか》さんは電話《でんわ》を切《き》り、ちょうどやって来《き》た帰《かえ》りの電車《でんしゃ》に乗《の》り込《こ》んだ。

電車《でんしゃ》の扉《とびら》が閉《し》まった瞬間《しゅんかん》、

「あ!」

あみ棚《だな》のマフラーをまだ手《て》にしていたことに気《き》がついた。

(自分《じぶん》の最寄《もよ》りの駅《えき》に着《つ》いたら、駅《えき》員《いん》さんに渡《わた》そう)

とマフラーをカバンにしまうと、座席《ざせき》に座《すわ》り、友《とも》だちに借《か》りていたマンガを読《よ》み始《はじ》めた。

そうこうしているうちに、マフラーのことはすっかり忘《わす》れたまま家《いえ》に帰《かえ》ってしまい……。

リビングで宿題《しゅくだい》を広《ひろ》げようとした時《とき》、マフラーの存在《そんざい》に気付《きづ》いた。

「あれ？　そのマフラー、どうしたの？」

と和香《わか》さんのお姉《ねえ》ちゃんがのぞき込《こ》んできた。和香《わか》さんが、

「電車《でんしゃ》のあみ棚《だな》にあったの。それで……」

と説明《せつめい》が終《お》わらないうちに、お姉《ねえ》ちゃんは、

「今《いま》から駅《えき》に持《も》って行《い》きなさいよ。持《も》ち主《ぬし》、必死《ひっし》になって探《さが》しているかもよ」

と強《つよ》い口調《くちょう》で命令《めいれい》してきた。

和香《わか》さんだって、家《いえ》に持《も》ち帰《かえ》るつもりはなかった。駅員《えきいん》さんに渡《わた》すのを忘《わす》れただけだ。

（ドロボウ扱《あつか》いして……）

和香《わか》さんは、急《きゅう》に駅《えき》まで持《も》って行《い》くのが面倒《めんどう》になってきた。

（お姉《ねえ》ちゃんのせいだからね）

和香《わか》さんはマフラーを自分《じぶん》の机《つくえ》の引《ひ》き出《だ》しの中《なか》にしまい込《こ》んだ。

マフラーに殺《ころ》される

その日《ひ》からだ。和香《わか》さんの周《まわ》りで奇妙《きみょう》なことが起《お》こり始《はじ》めた。

学校《がっこう》に行《い》こうと歩道《ほどう》を歩《ある》いていると、道路《どうろ》から何《なに》かに引《ひ》っぱられる衝《しょう》撃《げき》を受《う》けてそのまま車《くるま》にひかれそうになったり、そろばん教室《きょうしつ》に行《い》く電《でん》

車《しゃ》を待《ま》っていると、誰《だれ》かに背中《せなか》を押《お》され、線路《せんろ》に転《ころ》がり落《お》ちそうになったり。

誰《だれ》かに手《て》を引《ひ》っぱられた感覚《かんかく》とともに、学校《がっこう》の階段《かいだん》から転《ころ》げ落《お》ちそうになったこともある。

そんな夜《よる》、和香《わか》さんは寝苦《ねぐる》しさに目《め》が覚《さ》めた。

そして首《くび》に違和感《いわかん》を感《かん》じ、首《くび》に手《て》をもっていくと……なんと、あの電《でん》車《しゃ》で拾《ひろ》ったマフラーが巻《ま》きつけられていた。

「え？」

ガバッと上体《じょうたい》を起《お》こすと、マフラーは消《き》えていた。しかし、手《て》にはしっかりとあのマフラーの感触《かんしょく》が残《のこ》っていた。

「怖《こわ》い」

和香《わか》さんは、次《つぎ》の日《ひ》、電車《でんしゃ》に乗《の》った。そしてあみ棚《だな》に向《む》かってあのマフラーを投《な》げた。マフラーはあみ棚《だな》の上《うえ》にふわりと乗《の》り、一部《いちぶ》だらりと垂《た》れ下《さ》がった。

怖《こわ》くなった和香《わか》さんは、別《べつ》の車両《しゃりょう》に逃《に》げ、次《つぎ》の駅《えき》で降《お》りた。

その後《ご》、和香《わか》さんは命《いのち》を落《お》としそうになるような〝事故《じこ》〟にはあっていない。

和香《わか》さんは思《おも》う。

（あのマフラーには何《なん》らかの呪《のろ》いがかかっていたのかもしれない）

と。あれから和香《わか》さんは、あのマフラーを目《め》にしていない。しかし、いつかまた〝出会《であ》って〟しまったらどうしようと、電車《でんしゃ》に乗《の》ってあみ棚《だな》を見《み》るたびにドキドキしてしまうのだという。

線人間《せんにんげん》のイタズラ

健介《けんすけ》くんは、バスに乗《の》って私立《しりつ》の小学校《しょうがっこう》に通《かよ》っている。

「公立《こうりつ》の小学校《しょうがっこう》だと、うちは学区内《がっくない》の端《はし》っこにあるから、歩《ある》いて40分《ぷん》はかかるのよ。まだ小《ちい》さいのにかわいそうでしょ？」

とは、お母《かあ》さんの言《い》い分《ぶん》だ。

「バスも面倒《めんどう》だけどな」

と思《おも》うこともあるが、仲《なか》がいい友《とも》だちと行《い》き帰《かえ》りが一緒《いっしょ》のバスになることもあって、不満《ふまん》はなかった。

しかしある日《ひ》を境《さかい》に、状況《じょうきょう》が変《か》わった。

線人間《せんにんげん》が見《み》える

その日《ひ》は雨《あめ》で、バスの到着《とうちゃく》がもの

すごく遅《おく》れた上《うえ》に、たくさんの人《ひと》で混《こ》みあっていた。

「だから雨《あめ》の日《ひ》は嫌《いや》なんだよ」

とバスの後部通路《こうぶつうろ》に立《た》ち、友《とも》だちと揺《ゆ》られていると、前《まえ》のほうから
「さっきから、傘《かさ》がズボンに当《あ》たるって言《い》ってるだろ」

と、大人《おとな》の男性《だんせい》の怒鳴《どな》り声《ごえ》が聞《き》こえてきた。

「これだけ混《こ》んでるんだから、仕方《しかた》ないだろ」

別《べつ》の男性《だんせい》が言《い》い返《かえ》した。

「なにぃ？」

殴《なぐ》り合《あ》いになりそうな雰囲気《ふんいき》だ。

（なんだ、なんだ？）

健介《けんすけ》くんが、首《くび》を伸《の》ばしてスーツ姿《すがた》の男性《だんせい》たちのほうを見《み》ると、それぞれの肩《かた》に、手《て》のひらほどの大《おお》きさの、小学生《しょうがくせい》が丸《まる》と線《せん》で描《えが》くような人間《にんげん》、「線人間《せんにんげん》」が乗《の》っていた。

線人間《せんにんげん》は、まるで馬《うま》を操《あやつ》るかのように、手綱《たづな》のようなものをそれぞれの男性《だんせい》の首《くび》にひっかけて、両手《りょうて》を上下《じょうげ》に動《うご》かしている。

ふと、あみ棚《だな》を見《み》ると、線人間《せんにんげん》が10人《にん》ほどいて、やんややんやとはやしたてているように見《み》えた。

「んんんん？　なんだあれ」

健介《けんすけ》くんは何度《なんど》も目《め》をこらした。確《たし》かに、線《せん》でできたような生《い》き物《もの》が動《うご》いている。

「あのさ、」

隣《となり》に立《た》っていた友《とも》だちに声《こえ》をかけようとした瞬間《しゅんかん》、線人間《せんにんげん》が消《き》えた。


トラブルの影《かげ》には……

それからというもの、健介《けんすけ》くんは線人間《せんにんげん》を見《み》かけるようになった。ひょっとしたら、ずっと前《まえ》から見《み》えていたのだが、気付《きづ》いていなかっただけかもしれない。

線人間《せんにんげん》がやたらと多《おお》い日《ひ》もあれば、ゼロの日《ひ》もある。ひとつ言《い》えるのは、線人間《せんにんげん》がいる場所《ばしょ》には、必《かなら》ず何《なん》らかのトラブルがあった。

たとえば、

「足《あし》を踏《ふ》んだ」「踏《ふ》んでない」

といった具合《ぐあい》に乗客《じょうきゃく》がもめる時《とき》には、必《かなら》ず双方《そうほう》の肩《かた》に、線人間《せんにんげん》が乗《の》っていた。

赤《あか》ちゃんが泣《な》きだしたなと思《おも》ったら、線人間《せんにんげん》が赤《あか》ちゃんの耳《みみ》をひっぱっていたり、逆《ぎゃく》に赤《あか》ちゃんが笑《わら》いだしたなと思《おも》ったら、その赤《あか》ちゃんのベビーカーに線人間《せんにんげん》が腰《こし》かけて、面白《おもしろ》い格好《かっこう》をしていたこともある。

混《こ》んでいるのに、立《た》ったまま新聞《しんぶん》を広《ひろ》げて読《よ》んでいる人《ひと》、自分《じぶん》の荷物《にもつ》を座席《ざせき》に乗《の》せている人《ひと》、携帯電話《けいたいでんわ》で話《はなし》をしている人《ひと》のそばにも、線人間《せんにんげん》がいた。

そんなある日《ひ》、バスに乗《の》っていると線人間《せんにんげん》にびっしりと群《むら》がられているサラリーマンがいた。

（あの人《ひと》、大丈夫《だいじょうぶ》かな）

と思《おも》いながら見《み》ていると、線人間《せんにんげん》が一斉《いっせい》にその人《ひと》に攻撃《こうげき》を始《はじ》めた。健《けん》介《すけ》くんは思《おも》わず、

「やめろ！」

と大声《おおごえ》で叫《さけ》んだ。線人間《せんにんげん》がサッと消《き》えた。

「キャー」

と、健介《けんすけ》くんのそばにいた女性《じょせい》が叫《さけ》んだ。サラリーマンがその場《ば》にバッタリと倒《たお》れたからだ。

「運転手《うんてんしゅ》さん、バス停《と》めて！」

「心筋梗塞《しんきんこうそく》じゃないか？」

「救急車《きゅうきゅうしゃ》を呼《よ》べ」

車内《しゃない》は大騒《おおさわ》ぎになった。

健介《けんすけ》くんはそれっきり、線人間《せんにんげん》を見《み》ていない。ただ、車内《しゃない》で何《なん》らかのトラブルがあるたびに、あのコミカルで恐《おそ》ろしい生《い》き物《もの》がいるのではないかと思《おも》い、怖《こわ》くてドキドキしてしまうのだという。

車窓《しゃそう》の呪《のろ》いの文字《もじ》

初音《はつね》さんは、毎年《まいとし》お盆《ぼん》をお母《かあ》さんの実家《じっか》で過《す》ごす。

いつもはお父《とう》さんの車《くるま》で向《む》かうが、その年《とし》はお父《とう》さんの仕事《しごと》の都合《つごう》がつ

かなかったこともあり、深夜《しんや》バスを利用《りよう》することになった。

　夜《よる》21時《じ》にバスに乗《の》り込《こ》むと、翌朝《よくあさ》の7時《じ》には、おばあちゃんの住《す》む町《まち》に到着《とうちゃく》する。

「若《わか》い頃《ころ》は、いつもこのバスだったのよ」

　というお母《かあ》さんの話《はなし》を聞《き》きながら、いつのまにか初音《はつね》さんは眠《ねむ》り込《こ》んでしまった。

窓《まど》に浮《う》かび上《あ》がる文字《もじ》

　しかし、午前《ごぜん》2時《じ》の2度《ど》目《め》のトイレ休憩《きゅうけい》のせいで、初音《はつね》さんはぱっちりと目《め》が覚《さ》めてしまった。

　お母《かあ》さんは、すやすや寝《ね》ている。

　周《まわ》りからも
「すう、すう」「ぐごごごー」

　という寝息《ねいき》が聞《き》こえる。

（退屈《たいくつ》だなあ）

　初音《はつね》さんがバスの前《まえ》にある時計《とけい》を見《み》ると、時計《とけい》の針《はり》は午前《ごぜん》2時《じ》30分《ぷん》をさしていた。

（眠《ねむ》れそうにないな）

　初音《はつね》さんは、バスの窓《まど》にかけられたカーテンの中《なか》に首《くび》を突《つ》っ込《こ》んだ。

ちょうどトンネルの中《なか》だった。

　まぶしいトンネルの灯《あか》りに目《め》をパチパチさせていると、窓《まど》ガラスに文字《もじ》が浮《う》かび上《あ》がってきた。

「ゆ　る　さ　な　い」

「こ　ろ　す」

　指《ゆび》で書《か》いたような文字《もじ》が、浮《う》かび上《あ》がってきた。

　驚《おどろ》いた初音《はつね》さんはガバッとカーテンから首《くび》を出《だ》した。

（ゆるさないって何《なに》？　ころすって何《なに》？）

　そして深呼吸《しんこきゅう》し、もう一度《いちど》、カーテンをめくってみた。トンネルを抜《ぬ》け暗《くら》がりの道《みち》になったからか、文字《もじ》は見《み》えなかった。

誰《だれ》も起《お》きてくれない

　初音《はつね》さんは怖《こわ》くなり、小《ちい》さな声《こえ》で
「お母《かあ》さん、お母《かあ》さん」

　とお母《かあ》さんの体《からだ》をゆすった。全《まった》く起《お》きる気配《けはい》がない。

「お母《かあ》さん！お母《かあ》さん！起《お》きて！」

　いくらお母《かあ》さんの体《からだ》を揺《ゆ》らしても起《お》きない。

　あまりの恐怖《きょうふ》に、初音《はつね》さんの声《こえ》はだんだん大《おお》きくなり、叫《さけ》び声《ごえ》に近《ちか》くなったのだが、お母《かあ》さんどころか、周《まわ》りの人《ひと》も誰《だれ》ひとりとして起《お》きそうにない。

（え？何《なに》？これ何《なに》？）

（どうしよう、どうしよう…）

　と初音《はつね》さんがきょろきょろしてい

ると、

「プシュー。ドンッ」

バスが大《おお》きな音《おと》を立《た》てて止《と》まった。この衝撃《しょうげき》で目覚《めざ》めた人《ひと》も多《おお》く、急《きゅう》にざわざわしはじめた。

運転手《うんてんしゅ》さんがバスの外《そと》に出《で》た。そして、

「タイヤがみぞに脱輪《だつりん》してしまったようで、現在確認中《げんざいかくにんちゅう》です。タイヤに異常《いじょう》がなければ、そのまま出発《しゅっぱつ》しますのでご安心《あんしん》ください」

という車内《しゃない》アナウンスが流《なが》れた。

直後《ちょくご》に、

「今回《こんかい》も失敗《しっぱい》だな」

という、ぼそっとした男《おとこ》の人《ひと》の声《こえ》が聞《き》こえてきた。

あまりの恐《おそ》ろしさに初音《はつね》さんが固《かた》まっていると、いつの間《ま》にか起《お》きたお母《かあ》さんが、

「何《なに》？　パンク？　大丈夫《だいじょうぶ》よ、タイヤはめ替《か》えたらすぐにまた出発《しゅっぱつ》できるわよ」

とさらっと言《い》った。初音《はつね》さんは、

「お母《かあ》さん、これ見《み》て」

とカーテンを開《あ》け、窓《まど》に息《いき》を吹《ふ》きかけた。明《あか》るいライトに照《て》らされても、窓《まど》ガラスの文字《もじ》が再《ふたた》び浮《う》かび上《あ》がることはなかった。

初音《はつね》さんは、今《いま》でもあの文字《もじ》の筆《ひっ》跡《せき》を覚《おぼ》えている。そして、あの事故《じこ》は、あの呪《のろ》いの文字《もじ》が原因《げんいん》ではないかと思《おも》っている。

しかしあれが何《なん》だったのか、今《いま》でもよく分《わ》からないのだそうだ。

本当《ほんとう》は怖《こわ》い
公園《こうえん》

多《おお》くの人《ひと》にとって、緑《みどり》あふれる公園《こうえん》は憩《いこ》いの場《ば》のひとつでしょう。
しかし……いやしを求《もと》めて訪《おとず》れるのは、
“人間《にんげん》”だけとは限《かぎ》りません。

ベビーカーの赤《あか》ちゃん

光希《みつき》さんの家《いえ》の近《ちか》くには、少《すこ》し大《おお》きな公園《こうえん》がある。ジョギングができるコースや鯉《こい》のエサやりを楽《たの》しめる池《いけ》などがあるが、子《こ》どもに人気《にんき》があるのは、アスレチックコーナーがある遊具広場《ゆうぐひろば》だ。

昼間《ひるま》は小《ちい》さい子《こ》どもとお母《かあ》さんたちでにぎわっているが、夕方《ゆうがた》からは小学生《しょうがくせい》の時間《じかん》で、光希《みつき》さんもたまに遊《あそ》びに行《い》っていた。

この公園《こうえん》に、ちょっと変《か》わったおばさんが来《く》る。

ベビーカーを押《お》し、たまに赤《あか》ちゃんに何《なに》か話《はな》しかける、一見《いっけん》普通《ふつう》のお母《かあ》さんだ。しかし、このベビーカーの中身《なかみ》は赤《あか》ちゃんではなく〝人形《にんぎょう》〟なのだという。

ウワサでは、赤《あか》ちゃんを亡《な》くしてしまったお母《かあ》さんが、〝自分《じぶん》の赤《あか》ちゃんが死《し》んだ〟ということが受《う》け入《い》れられず、人形《にんぎょう》を自分《じぶん》の赤《あか》ちゃんのように、いつまでもかわいがっているのだそうだ。

「ちょっと怖《こわ》いよね」

と、光希《みつき》さんはもちろん、普段《ふだん》は怖《こわ》いもの知《し》らずにものを言《い》う男《おとこ》の子《こ》たちですら、彼女《かのじょ》のことを〝ベビーカーおばさん〟と呼《よ》び、見《み》て見《み》ぬフリをしていた。

水飲《みずの》み場《ば》にて

その日《ひ》は、夏《なつ》の暑《あつ》い日《ひ》だった。

光希《みつき》さんは、

「夏休《なつやす》みの宿題《しゅくだい》の風景画《ふうけいが》を一緒《いっしょ》に描《か》こう」

と、友《とも》だちのさりなちゃんと、トイレのそばのベンチで待《ま》ち合《あ》わせをしていた。

ちょっと早《はや》く到着《とうちゃく》したためか、さりなちゃんはまだ来《き》ていない。あまりに暑《あつ》いせいか、普段《ふだん》ならこの時間《じかん》は子《こ》どもを遊《あそ》ばせながらおしゃべりで盛《も》り上《あ》がっているお母《かあ》さんグループもいない。

セミの泣《な》き声《ごえ》だけが、ガランとした公園《こうえん》に響《ひび》き渡《わた》っている。

（あれ？　時間《じかん》を間違《まちが》えたかな）

水飲《みずの》み場《ば》で水《みず》を飲《の》みながら、光希《みつき》さんは不安《ふあん》になり始《はじ》めていた。

（いったん家《いえ》に帰《かえ》って、さりなちゃんに電話《でんわ》をかけてみようかな。それともこのまま待《ま》ち続《つづ》けるか）

光希《みつき》さんが悩《なや》んでいると、ベビーカーおばさんがやって来《き》た。いつものように、ベビーカーに向《む》かって何《なに》か話《はな》しかけている。

光希《みつき》さんが目《め》をやると、おばさんがにっこりと笑《わら》い、光希《みつき》さんに向《む》かって、

「こんな暑《あつ》い日《ひ》にフラフラしてたら、熱中症《ねっちゅうしょう》になるわよ」

と声《こえ》をかけてきた。

（あれ？　ふつうの人《ひと》っぽい）

光希《みつき》さんは、少《すこ》し拍子抜《ひょうしぬ》けした。

（ひょっとしたら、ベビーカーのウワサもウソかも）

光希《みつき》さんがペコリと頭《あたま》を下《さ》げると、ベビーカーおばさんが光希《みつき》さんのほうに向《む》かってやって来《き》た。

「そうそう、水分《すいぶん》はしっかり取《と》らないとね」

と水飲《みずの》み場《ば》の前《まえ》で立《た》ち止《ど》まり、水《みず》をゴクゴク飲《の》んだ。

光希《みつき》さんはチラリとベビーカーに目《め》をやった。ゴミだらけに見《み》えた。

（もしかしてゴミに向《む》かって話《はな》しかけてたの？）

と固《かた》まっていると、

「ナナちゃんもね。お水《みず》を飲《の》みましょうね」

と、ベビーカーおばさんがゴミの中《なか》から何《なに》かを抱《だ》き上《あ》げた。それは、薄汚《うすよご》れた赤《あか》ちゃんの人形《にんぎょう》だった。

「キャッ、キャッ」

赤《あか》ちゃん人形《にんぎょう》が笑《わら》った。そして、光希《みつき》さんのほうをギョロリと見《み》た。表情《ひょうじょう》は人形《にんぎょう》のままで、目《め》だけがギョロギョロ動《うご》いていた。

（人形《にんぎょう》だけど、人形《にんぎょう》じゃない！）

光希《みつき》さんは腰《こし》を抜《ぬ》かし、はうようにしてその場《ば》から逃《に》げた。

呪《のろ》われたジャングルジム

達哉《たつや》くんの家《いえ》の近所《きんじょ》の公園《こうえん》には、「呪《のろ》われたジャングルジム」というウワサの遊具《ゆうぐ》がある。

〝13日《にち》の金曜日《きんようび》の夕方《ゆうがた》に遊《あそ》ぶと必《かなら》ず大《おお》けがをする〟

というもので、達哉《たつや》くんの近所《きんじょ》のお姉《ねえ》さんの友《とも》だちが、実際《じっさい》に〝13日《にち》の金曜日《きんようび》〟にこのジャングルジムから落《お》ちて、骨折《こっせつ》をしている。

そのため〝13日《にち》の金曜日《きんようび》〟には、この公園《こうえん》に近《ちか》づく子《こ》どもはまずいなかった。

もちろん、達哉《たつや》くんも近《ちか》づかないようにしていた。しかし、その日《ひ》はうっかり〝13日《にち》の金曜日《きんようび》〟だということを忘《わす》れていた。

犯行《はんこう》の現場《げんば》

達哉《たつや》くんは習字教室《しゅうじきょうしつ》の帰《かえ》りに公園《こうえん》を抜《ぬ》けようとした時《とき》、同《おな》い年《どし》くらいの子《こ》がジャングルジムのてっぺんにいるような気《き》がして、足《あし》を止《と》めた。

よくよく見《み》ると、同《おな》じクラスのさとしくんだった。

といっても、さとしくんはクラスでは目立《めだ》たない存在《そんざい》で、同《おな》じ友《とも》だちとしか遊《あそ》ばないタイプだ。達哉《たつや》くんとはさほど親《した》しくない。

（誰《だれ》かと遊《あそ》ぶ約束《やくそく》をしてるのかな）

達哉《たつや》くんは声《こえ》をかけずに通《とお》りすぎようとして、今日《きょう》が〝13日《にち》の金曜日《びきんよう》〟だということに気付《きづ》いた。

（どうしよう。注意《ちゅうい》ぐらいしておいたほうがいいかな）

と、達哉《たつや》くんがジャングルジムの上《うえ》のさとしくんのほうを見上《みあ》げたその時《とき》、さとしくんの後《うし》ろに、真《ま》っ白《しろ》い服《ふく》を着《き》た、長《なが》い髪《かみ》の女《おんな》の子《こ》が見《み》えた。

その女《おんな》の子《こ》は、真《ま》っ赤《か》な口《くち》をニッと横《よこ》に大《おお》きく広《ひろ》げて笑《わら》い、さとしくんの背中《せなか》を押《お》した。さとしくんは、マネキンのように声《こえ》も立《た》てず、ドサッと地面《じめん》に落《お》ちた。

「えっ？」

達哉《たつや》くんは思《おも》わず大《おお》きな声《こえ》を出《だ》した。

すると、その声《こえ》に気付《きづ》いたのか、女《おんな》の子《こ》が達哉《たつや》くんのほうを向《む》いた。真《ま》っ白《しろ》な顔《かお》に真《ま》っ黒《くろ》な髪《かみ》、真《ま》っ黒《くろ》な瞳《ひとみ》。真《ま》っ赤《か》な口《くち》でニタニタと笑《わら》っていた。

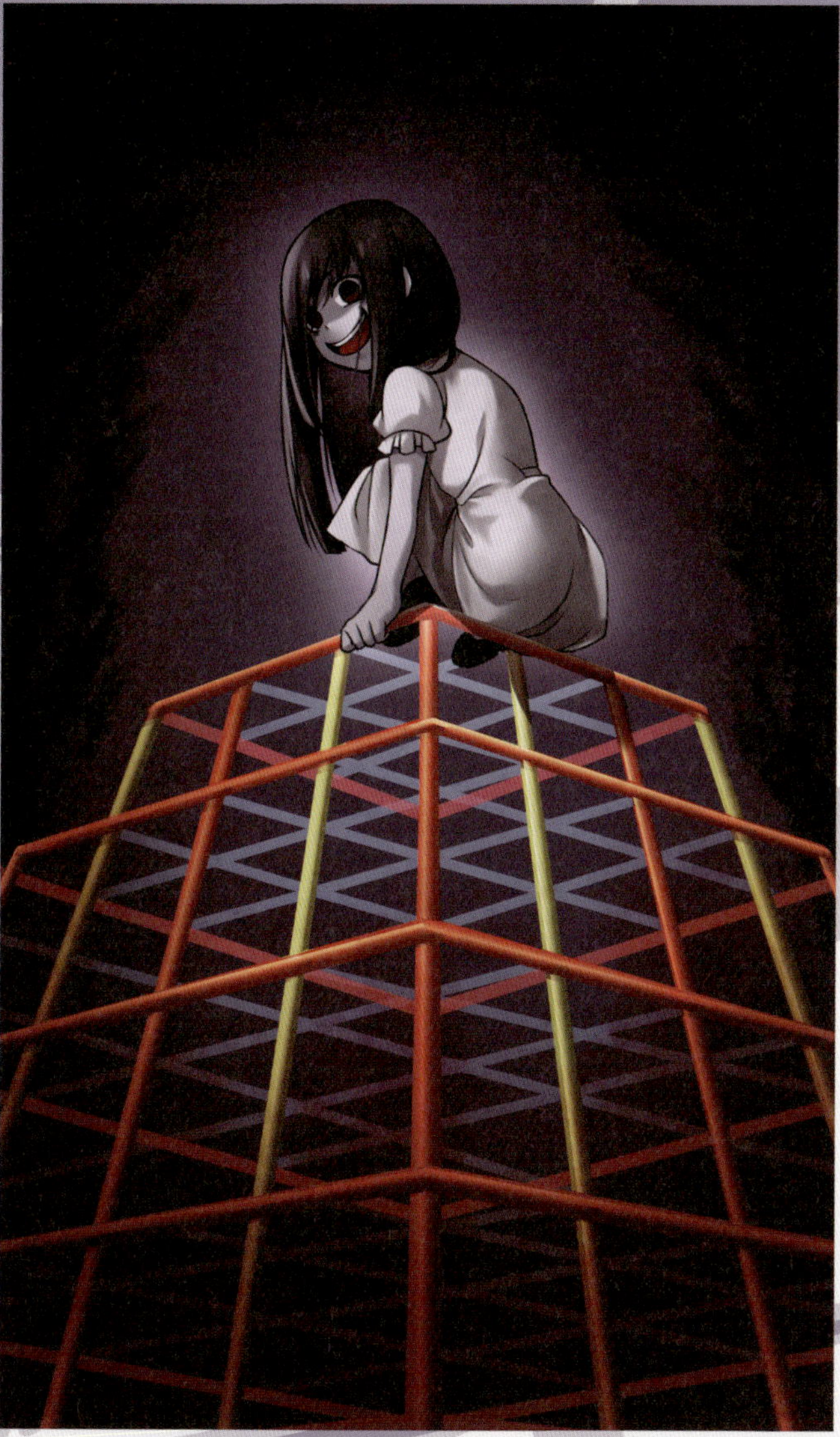

次《つぎ》のターゲット

「うわああああ」

達哉《たつや》くんは近所《きんじょ》の家《いえ》に駆《か》け込《こ》み、玄関《げんかん》のチャイムを押《お》した。出《で》てきた大人《おとな》に公園《こうえん》で見《み》たことを話《はな》すと、パトカーや救急車《きゅうきゅうしゃ》が呼《よ》ばれ、周囲《しゅうい》は騒《そう》然《ぜん》となった。

さとしくんのケガは大《たい》したことはなかった。

後日《ごじつ》、さとしくんに聞《き》くと、

「公園《こうえん》は通《とお》りかかったけど、ジャングルジムにのぼった記憶《きおく》はない」

とのことだった。

犯人《はんにん》は分《わ》からずじまいだったが、

さとしくんのケガが軽《かる》く、ピンピンしていたこともあり、事件《じけん》は大事《おおごと》にはならなかった。

——大人《おとな》の間《あいだ》では。

小学校《しょうがっこう》ではもちきりで、

「13日《にち》の金曜日《きんようび》はやっぱりヤバい」

と、しばらくの間公園《あいだこうえん》は、〝事件《じけん》〟現場《げんば》を見学《けんがく》する集団《しゅうだん》でいっぱいだった。

しかし、達哉《たつや》くんはこの公園《こうえん》の近《ちか》くを通《とお》ることもやめた。

あの時《とき》、さとしくんを突《つ》き落《お》としたあの女《おんな》の子《こ》が、ニヤニヤ笑《わら》いながら達哉《たつや》くんを見《み》て、

「ツギ　ハ　コロス」

と確《たし》かに言《い》っていたからだ。

ネコの復讐《ふくしゅう》

正樹《まさき》くんの家《いえ》の近《ちか》くの公園《こうえん》には砂《すな》場《ば》がない。

といっても、砂場《すなば》がないのはこの公園《こうえん》に限《かぎ》らない。

「動物《どうぶつ》のフンが混《ま》じっていて、不衛《ふえい》生《せい》だ」

とか、

「砂場《すなば》に混《ま》じっていたガラスのカケラで子《こ》どもがケガをした」

という理由《りゆう》で、もともとあった砂《すな》場《ば》をなくしたり、そもそも砂場《すなば》ゾーンを作《つく》らなかったりという公園《こうえん》は、実《じつ》は多《おお》い。しかし、正樹《まさき》くんの家《いえ》の近《ちか》くの公園《こうえん》に砂場《すなば》がないのは、恐《おそ》ろしい理由《りゆう》がある。

現場《げんば》を見《み》ていたモノ

昔《むかし》この公園《こうえん》でネコの死体《したい》が毎日《まいにち》のように発見《はっけん》される、という事件《じけん》が起《お》きた。

「車《くるま》にひかれて死《し》んだネコを誰《だれ》かが丁寧《ていねい》に埋《う》めたのでは?」

と言《い》う人《ひと》もいたが、多《おお》くの人《ひと》は、

「変質者《へんしつしゃ》のしわざだ」

と恐《おそ》ろしがった。

ネコの死体《したい》が10匹《ぴき》をこえたあたりで、砂場《すなば》は封鎖《ふうさ》された。

時期《じき》を前後《ぜんご》して、ひとりのおばあさんが亡《な》くなった。同時《どうじ》に、

「このおばあさんがネコを殺《ころ》していたらしい」

というウワサが流《なが》れ始《はじ》めた。

そのウワサによると、おばあさんの息子《むすこ》がおばあさんの家《いえ》に遊《あそ》びに来《き》た時《とき》、車《くるま》でネコをひいた。

それから毎日《まいにち》のように、おばあさんの家《いえ》にたくさんのネコが集《あつ》まって

来《く》るようになった。まるで、〝よくも自分《じぶん》たちの仲間《なかま》を殺《ころ》したな〟と、抗議《こうぎ》をするかのように……。

このネコたちを気味悪《きみわる》がったおばあさんは、毎日《まいにち》のように、やってくるネコを殺《ころ》しては埋《う》めやすい公園《こうえん》の砂場《すなば》に埋《う》めていたというのだ。

正樹《まさき》くんが、

(嫌《いや》だなあ)

と思《おも》うのが、このおばあさんは正《まさ》樹《き》くんの実《じつ》のおばあさんで、ネコをひいた息子《むすこ》は、正樹《まさき》くんのお父《とう》さんだという事実《じじつ》だ。

正樹《まさき》くんは、この公園《こうえん》に行《い》くと、砂場《すなば》があった辺《あた》りに向《む》かって、一礼《いちれい》をする。

そうしないと、いつまでも自分《じぶん》の周《まわ》りをネコの鳴《な》き声《ごえ》がまとわりついているような気《き》がするのだという。

本《ほん》当《とう》は怖《こわ》い海《うみ》

未《いま》だ多《おお》くの謎《なぞ》に満《み》ちた海《うみ》は、実《じつ》に95%が未知《みち》のままだともいわれています。
ということは……不思議《ふしぎ》な出来事《できごと》があったとしても、
ムリもないのかもしれません。

海《うみ》に引《ひ》きずり込《こ》むワナ

亮二《りょうじ》くんの家《いえ》は海沿《うみぞ》いにある。漁業《ぎょぎょう》が盛《さか》んで、毎朝早《まいあさはや》くから多《おお》くの船《ふね》が沖《おき》に出《で》る。

〝それなら、亮二《りょうじ》くんはさぞかし、海《うみ》でよく遊《あそ》んでいるのだろう〟と思《おも》われるかもしれない。

しかし亮二《りょうじ》くんはプールでしか泳《およ》げない。

お母《かあ》さんが心配性《しんぱいしょう》なこともあって、海《うみ》で遊《あそ》ぶときは必《かなら》ず、浮《う》き輪《わ》をしなくてはいけないからだ。

亮二《りょうじ》くん自身《じしん》、海《うみ》の中《なか》で泳《およ》いでいて足《あし》が地面《じめん》に届《とど》かないという感触《かんしょく》がなんとも苦手《にがて》だった。

たまに泳《およ》ぎの得意《とくい》な友《とも》だちに、「沖《おき》まで泳《およ》いで行《い》こうぜ」と誘《さそ》われることはあったが、決《けっ》して浮《う》き輪《わ》を手放《てばな》すことはなかった。

亮二《りょうじ》くんと仲良《なかよ》しのこうたくんやたかひろくんも同《おな》じだったからというのもある。それに……この海辺《うみべ》の土地特有《とちとくゆう》の理由《りゆう》もあるかもしれない。

危険《きけん》な場所《ばしょ》

亮二《りょうじ》くんの家《いえ》の辺《あた》りの海《うみ》は、潮《しお》の流《なが》れが速《はや》い。また、船着《ふなつ》き場《ば》の辺《あた》りは子《こ》どもには危険《きけん》な場所《ばしょ》がたくさんある。そのため、昔《むかし》は海《うみ》を遊《あそ》び場《ば》にしていた大人《おとな》たちも、

「海《うみ》で泳《およ》ぐなら、プールに行《い》ったほうがうんといい」

とよく言《い》う。それはこれまでに、何人《なんにん》も子《こ》どもが海《うみ》で命《いのち》を落《お》としているからだ。

実際《じっさい》、亮二《りょうじ》くんの近所《きんじょ》には、「海《うみ》で子《こ》どもを亡《な》くした」という家《いえ》が少《すく》なくなかった。船《ふな》あげ場《ば》の事件《じけん》もそのひとつだ。

船《ふな》あげ場《ば》は、海《うみ》と道路《どうろ》を結《むす》ぶ、なだらかなコンクリートの坂道《さかみち》だ。主《おも》に台風《たいふう》の時《とき》に船《ふね》を避難《ひなん》させたり、故《こ》障《しょう》した船《ふね》を修理《しゅうり》したりする時《とき》に、船《ふね》を道路《どうろ》にあげるために使《つか》う。

このコンクリートの坂道《さかみち》は、海《うみ》に接《せっ》する部分《ぶぶん》にコケのような海藻《かいそう》がみっしり生えているため、とても滑《すべ》りやすい。

そのため昔《むかし》、ここで遊《あそ》んでいた女《おんな》の子《こ》が海《うみ》に滑《すべ》り落《お》ちて死《し》んでしまうという事故《じこ》が起《お》きている。

といっても40年近《ねんちか》く前《まえ》の話《はなし》だ。それでも、

「あそこは、昔子《むかしこ》どもが死《し》んでいるから、絶対《ぜったい》に近《ちか》づいてはいけない」

と大人《おとな》たちは、子《こ》どもたちに口《くち》を酸《す》っぱくして教《おし》え込《こ》んでいた。

見知《みし》らぬ女《おんな》の子《こ》

そんないわくつきの場所《ばしょ》で亮二《りょうじ》くんが足《あし》を止《と》めたのは、見知《みし》らぬ小《ちい》さな女《おんな》の子《こ》が遊《あそ》んでいたからだ。

女《おんな》の子《こ》は海辺《うみべ》の、海藻《かいそう》でぬるぬるした石《いし》をさわっていた。

亮二《りょうじ》くんは、辺《あた》りを見《み》わたしたが、女《おんな》の子《こ》のお父《とう》さんやお母《かあ》さんらしき人《ひと》はいない。

お盆《ぼん》の暑《あつ》い日《ひ》だった。

あまりの暑《あつ》さに、普段《ふだん》は家《いえ》の前《まえ》の日陰《ひかげ》でおしゃべりを楽《たの》しんでいるお

年寄《としよ》りも、家《いえ》の中《なか》に引《ひ》っ込《こ》んでしまっていた。

（うわー、お盆《ぼん》でよそから来《き》た子《こ》だから、ここが危《あぶ》ない場所《ばしょ》だって知《し》らないんだ）

亮二《りょうじ》くんは、女《おんな》の子《こ》に声《こえ》をかける前《まえ》に自分《じぶん》のお母《かあ》さんに助《たす》けを呼《よ》びに行《い》こうと、くるりと背《せ》を向《む》け駆《か》け出《だ》そうとした。

すると、背後《はいご》から

「ウワーン」

という女《おんな》の子《こ》の泣《な》き声《ごえ》が聞《き》こえてきた。亮二《りょうじ》くんは急《いそ》いで戻《もど》り、女《おんな》の子《こ》を見《み》た。

坂《さか》の上《うえ》に戻《もど》ろうとして足《あし》を滑《すべ》らせ、ころんでしまったようだ。ワーワーと、火《ひ》がついたように泣《な》いている。

何度《なんど》も上《うえ》にあがろうとするが、そのたびに海藻《かいそう》に滑《すべ》ってこける。そして泣《な》く。よくよく見《み》ると、膝《ひざ》や手《て》には血《ち》がにじんでいて、頭《あたま》からも少《すこ》し血《ち》を流《なが》していた。

（どうしよう、どうしよう）

亮二《りょうじ》くんの家《いえ》までは、走《はし》っても5分《ふん》はかかる。悩《なや》んでいると、ガードレールからコンクリートの坂道《さかみち》に向《む》かって、一本《いっぽん》のロープがぶら下《さ》がっていることに気《き》がついた。

滑《すべ》り落《お》ちていく女《おんな》の子《こ》

（あれを使《つか》って、助《たす》けよう）

亮二《りょうじ》くんはそろそろと坂道《さかみち》を下《お》り、ロープをつかんだ。そして女《おんな》の子《こ》に向《む》かって、

「大丈夫《だいじょうぶ》だから。泣《な》かないで」

と叫《さけ》び、手《て》を伸《の》ばした。しかし女《おんな》

の子《こ》は、海藻《かいそう》のヌルヌルのせいか、泣《な》きながらずるずると、海《うみ》に向《む》かって滑《すべ》り落《お》ちていく。

じりじりと女《おんな》の子《こ》に向《む》かって手《て》を伸《の》ばしているうちに、亮二《りょうじ》くんの足《あし》も、海藻《かいそう》エリアに到達《とうたつ》した。

（確《たし》かに、ここは滑《すべ》るな）

ロープを支《ささ》えにして女《おんな》の子《こ》に手《て》を差《さ》し伸《の》べるが、女《おんな》の子《こ》はどんどん離《はな》れて行《い》ってしまう。

（こんなことになるなら、お母《かあ》さんを呼《よ》びに帰《かえ》ればよかった）

と亮二《りょうじ》くんは後悔《こうかい》しつつも、女《おんな》の子《こ》のように転《ころ》んだら大変《たいへん》だと、わざとお尻《しり》をついた。

女《おんな》の子《こ》はどんどん海《うみ》の中《なか》に入《はい》っていく。亮二《りょうじ》くんはお尻《しり》をズリズリさせながら、女《おんな》の子《こ》に手《て》を差《さ》し伸《の》ばし続《つづ》けた。その時《とき》、女《おんな》の子《こ》が少《すこ》し笑《わら》った気《き》がした。

誰《だれ》にも言《い》ってはいけない

気《き》がついたら亮二《りょうじ》くんは病院《びょういん》のベッドの上《うえ》にいた。

お母《かあ》さんによると、亮二《りょうじ》くんがあの場所《ばしょ》に倒《たお》れ込《こ》んでいたところを、お盆《ぼん》で帰省《きせい》してきた若《わか》い夫婦《ふうふ》が発見《はっけん》してくれたらしい。

ちょうど満《み》ち潮《しお》の時間《じかん》で、

「少《すこ》しでも発見《はっけん》されるのが遅《おく》れていたら、そのまま溺《おぼ》れていたかもしれなかったのよ」

とのことだった。

亮二《りょうじ》くんは自分《じぶん》の身《み》の上《うえ》に起《お》きた一部始終《いちぶしじゅう》をお母《かあ》さんに話《はな》したが、お母《かあ》さんは困《こま》ったような顔《かお》をして、

「場所《ばしょ》が場所《ばしょ》だから、あそこに『女《おんな》の子《こ》がいた』なんてことは、誰《だれ》にも言《い》っちゃダメよ」

とキツい口調《くちょう》で言《い》った。

昔《むかし》、あの場所《ばしょ》で女《おんな》の子《こ》を亡《な》くした家族《かぞく》が、まだ亮二《りょうじ》くんの家《いえ》の近所《きんじょ》でひっそりと暮《く》らしているからだ。

「それって、ぼくが助《たす》けようとした子《こ》が幽霊《ゆうれい》だったっていうこと？　でも、あの女《おんな》の子《こ》がもしも幽霊《ゆうれい》じゃなかったら？　女《おんな》の子《こ》の家族《かぞく》が探《さが》しているかもよ？」

としつこく食《く》い下《さ》がる亮二《りょうじ》くんに、お母《かあ》さんは、

「多分《たぶん》、死《し》んだ女《おんな》の子《こ》の幽霊《ゆうれい》よ」

と静《しず》かに言《い》った。

そして、大《おお》きなため息《いき》をついて亮《りょう》二《じ》くんの布団《ふとん》をめくった。亮二《りょうじ》くんは小《ちい》さな悲鳴《ひめい》をあげた。

亮二《りょうじ》くんの両足《りょうあし》には、ベタベタと小《ちい》さい子《こ》どもの手《て》の形《かたち》をしたあざが、いくつもつけられていた。

黒《くろ》い、ヒトガタ

紗千香《さちか》さんの町《まち》は漁業《ぎょぎょう》が盛《さか》んだ。といっても、「海《うみ》の男《おとこ》」的《てき》な漁師《りょうし》よりも、養殖関係《ようしょくかんけい》の家《いえ》や釣《つ》り船《ぶね》を経営《けいえい》する人《ひと》たちが大半《たいはん》だ。

紗千香《さちか》さんの家《いえ》でも、おじいちゃんが釣《つ》り船屋《ぶねや》を経営《けいえい》していた。

釣《つ》り客《きゃく》はとても多《おお》かった。

知《し》らない大人《おとな》が騒《さわ》ぎながらウロウロするのもしばしばで、紗千香《さちか》さんたち小学生《しょうがくせい》は、

「知《し》らない人《ひと》と話《はな》しちゃダメ」

と大人《おとな》たちからキツく注意《ちゅうい》をされていた。

しかし紗千香《さちか》さんには、

(一言《ひとこと》、声《こえ》をかければよかった)

と、悔《く》やんでいることがある。

哀《かな》しい事故《じこ》

ピアノ教室帰《きょうしつがえ》りの夕方《ゆうがた》、紗千香《さちか》さんは一台《いちだい》の車《くるま》が町《まち》の公共《こうきょう》の駐車場《ちゅうしゃじょう》に停《と》まっていることに気《き》がついた。

公共《こうきょう》の駐車場《ちゅうしゃじょう》だ。誰《だれ》が利用《りよう》しようと勝手《かって》だ。しかし、車《くるま》が停《と》まっている場所《ばしょ》には「呪《のろ》われている」というウワサがあった。

数年前《すうねんまえ》にも、深夜《しんや》にこの場所《ばしょ》に車《くるま》を停《と》めた若《わか》い女性《じょせい》がいた。女性《じょせい》はかなりお酒《さけ》を飲《の》んでいたらしい。

飲酒運転《いんしゅうんてん》をしながらフラフラとこの場所《ばしょ》まで車《くるま》に乗《の》ってきたものの、さすがにこのまま運転《うんてん》をし続《つづ》けるのはまずいと思《おも》ったのだろう。

駐車場《ちゅうしゃじょう》の「呪《のろ》われた場所《ばしょ》」に停《と》めてしまった。

翌朝《よくあさ》、娘《むすめ》と全《まった》く連絡《れんらく》が取《と》れないことを心配《しんぱい》した女性《じょせい》の両親《りょうしん》が、散々《さんざん》探《さが》した結果《けっか》……女性《じょせい》が発見《はっけん》されたのは、この駐車場《ちゅうしゃじょう》の真下《ました》に見《み》える、深《ふか》い海《うみ》の中《なか》だった。

その日《ひ》、駐車場《ちゅうしゃじょう》はガラガラだった。なのに何故《なぜ》、この場所《ばしょ》に停《と》めてしまったのか。

「死者《ししゃ》に呼《よ》ばれたんだよ」

というウワサになり、この場所《ばしょ》にはペンキで大《おお》きく「夜間《やかん》は駐車禁《ちゅうしゃきん》止《し》」と書《か》かれた。

海《うみ》の中《なか》の黒《くろ》い影《かげ》

(駐車禁止《ちゅうしゃきんし》って書《か》いてあるのに……)

と紗千香《さちか》さんは思《おも》ったが、ちょうどイカ釣《つ》りのシーズンで、車《くるま》が満車《まんしゃ》

であることを見《み》て、すぐに（仕方《しかた》がないかな）と思《おも》った。車《くるま》の中《なか》からおじさんがふたり、楽《たの》しげに降《お》りてきた。紗千《さち》香《か》さんは、水《みず》をさすのも悪《わる》いような気《き》がして、そのまま家《いえ》に帰《かえ》った。

　その翌朝《よくあさ》、町中《まちじゅう》がなんとなく騒《さわ》がしかった。やはりというか、あの「駐車禁止《ちゅうしゃきんし》」の場所《ばしょ》に停《と》めた車《くるま》が海《うみ》に落《お》ちたということだった。

　車《くるま》の中《なか》にはおじさんがふたりいて、ふたりとも亡《な》くなった。

　イカ釣《つ》りの後《あと》、酒盛《さかも》りをしたため、酔《よ》いをさますために仮眠《かみん》をとっていたらしく、溺死《できし》だったという。

　それからしばらくして、紗千香《さちか》さんのおじいちゃんが、紗千香《さちか》さんにこんな話《はなし》をしてくれた。

「あの死《し》んだふたり、あの夜《よる》、ワシも見《み》たんだがな……」

　場所《ばしょ》が場所《ばしょ》なだけに、気《き》になって見《み》ていたら、真《ま》っ黒《くろ》い、人《ひと》の形《かたち》をした何《なに》かが、その車《くるま》のタイヤを触《さわ》っていたという。

　怖《こわ》くなったおじいちゃんは、そのまま、逃《に》げ帰《かえ》ってしまった。

　紗千香《さちか》さんは、おじいちゃんの話《はなし》を聞《き》きながら、そういえば、とあるシーンを思《おも》い出《だ》して、ゾッとした。

　紗千香《さちか》さんがその車《くるま》を見《み》た時《とき》、その車《くるま》だけ、深《ふか》い影《かげ》が海《うみ》にまで暗《くら》く落《お》ち込《こ》んでいた。

　それはまるで、海《うみ》の中《なか》に続《つづ》く「黒《くろ》い道《みち》」のようだったという。

海《うみ》の底《そこ》を歩《ある》く人《ひと》

駿《しゅん》くんは毎年《まいとし》夏休《なつやす》みになると、田舎《いなか》のおじいちゃんとおばあちゃんの家《いえ》に遊《あそ》びに行《い》く。

おじいちゃんたちの家《いえ》は農家《のうか》だが、海《うみ》がすぐ近《ちか》くにある。

ある年《とし》の夏休《なつやす》み、駿《しゅん》くんはおじいちゃんの家《いえ》でひとりでゲームをしていた。すると近所《きんじょ》に住《す》む、同《おな》い年《どし》のわたるくんに、

「タコ捕《と》りに行《い》かないか？」

と誘《さそ》われた。なんでも、誰《だれ》にもヒミツの穴場《あなば》があるらしく、特別《とくべつ》に教《おし》えてくれるのだという。

「行《い》く、行《い》く！」

駿《しゅん》くんは喜《よろこ》んでわたるくんについて行《い》った。

タコがいるという場所《ばしょ》は、海水浴《かいすいよく》ができる場所《ばしょ》からかなり離《はな》れた岩場《いわば》にあった。

そのため、ゴツゴツした岩《いわ》の上《うえ》を歩《ある》くだけでなく、海《うみ》の中《なか》を歩《ある》いたり、泳《およ》いだりしなくてはいけない。

駿《しゅん》くんは、あまりにも過酷《かこく》な道《みち》のりに内心《ないしん》、

（ついてくるんじゃなかった）

と思《おも》った。さらにタコを捕《と》るためには海《うみ》にもぐる必要《ひつよう》もあった。

現場《げんば》に到着《とうちゃく》し、駿《しゅん》くんは、

（プールですら、苦手《にがて》なのに…）

と水中《すいちゅう》メガネとシュノーケルを装着《そうちゃく》し、顔《かお》を海面《かいめん》にひたした。すると、海《うみ》の中《なか》で気配《けはい》を感《かん》じた。

「サメ!?」

その方向《ほうこう》を見《み》ると、海《うみ》の底《そこ》を大人《おとな》の男性《だんせい》らしき人《ひと》が歩《ある》いていた。

（人《ひと》？）

駿《しゅん》くんはわたるくんのほうを見《み》た。わたるくんは、早《はや》くも2匹目《ひきめ》の獲物《えもの》をしとめていた。

タコがたくさん捕《と》れる理由《りゆう》

帰《かえ》り道《みち》、駿《しゅん》くんは、人《ひと》がいたことをわたるくんに言《い》い出《だ》せずにいた。せっかくのヒミツの場所《ばしょ》なのに悪《わる》い気《き》がしたからだ。

〝海《うみ》の底《そこ》を歩《ある》く男性《だんせい》〟の存在《そんざい》を思《おも》い出《だ》したのは、その日《ひ》の夕食《ゆうしょく》の準備《じゅんび》の時《とき》だ。

わたるくんに分《わ》けてもらったタコをおばあちゃんに見《み》せると、おばあちゃんは、

「どこで捕《と》ったの？」

と聞《き》いてきた。駿《しゅん》くんは、その日《ひ》海《うみ》で体験《たいけん》したことを全《すべ》て話《はな》した。すると、おばあちゃんがこんな話《はなし》を聞《き》かせてくれた。

昔《むかし》、駿《しゅん》くんたちがタコ捕《と》りをした場所《ばしょ》で、1そうの漁船《ぎょせん》がひっくり返《かえ》った。あまりに突然《とつぜん》のことに、乗《の》っていた3人《にん》の漁師《りょうし》は、その場《ば》で溺《おぼ》れて死《し》んでしまった。

真夜中《まよなか》で、もともと誰《だれ》も近寄《ちかよ》らない場所《ばしょ》だったこともあり、漁船《ぎょせん》が見《み》つかったのは、事故《じこ》があった3日《か》ほどたった後《あと》だった。問題《もんだい》は、漁師《りょうし》たちの死体《したい》だ。すぐに見《み》つかったのだが、タコがびっしりとくっついていたという。

「タコは肉食《にくしょく》でね。人《ひと》だって食《た》べるんだよ。だからその年《とし》、この町《まち》ではタコが本当《ほんとう》によく捕《と》れた」

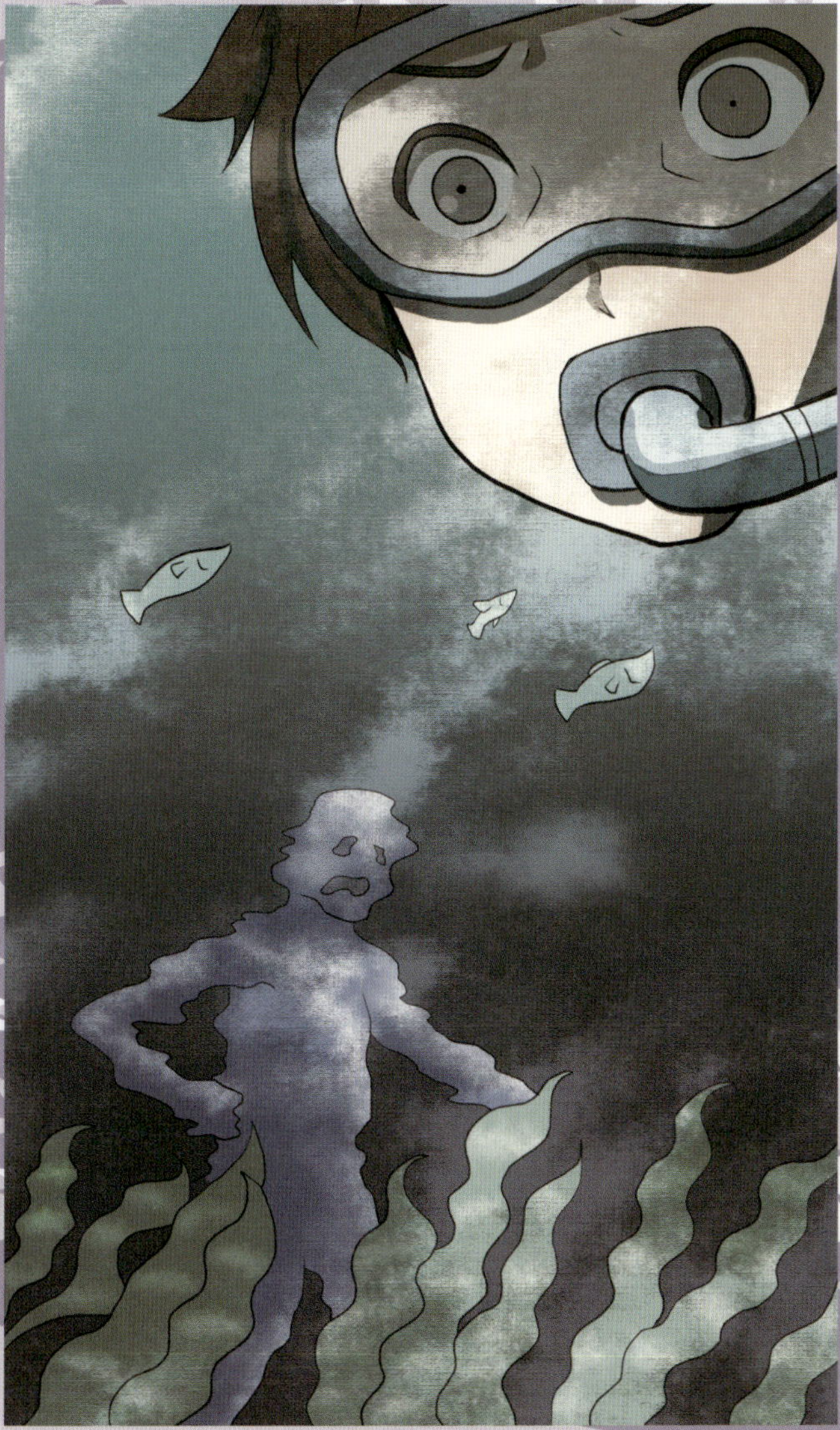

と、おばあちゃんは言《い》いづらそうに教《おし》えてくれた。

「ぼく、あの海《うみ》の底《そこ》で、歩《ある》いている人《ひと》を見《み》たんだ」

と駿《しゅん》くんが言《い》うと、

「事件《じけん》を知《し》っている人《ひと》は誰《だれ》もあの場所《ばしょ》に近《ちか》づかない。死《し》んだ漁師《りょうし》の幽霊《ゆうれい》が、海《うみ》の生《い》き物《もの》たちに食《た》べられた自分《じぶん》の体《からだ》の一部《いちぶ》を探《さが》して、さまよっているというウワサがあるんだよ」

と話《はな》し、だまり込《こ》んだ。

わたるくんにもらったタコは、もったいないが、その日《ひ》の夕飯《ゆうはん》に出《だ》される前《まえ》に、おばあちゃんに捨《す》てられてしまった。

本当《ほんとう》は怖《こわ》い
神《じん》社《じゃ》

“神様《かみさま》は自分《じぶん》たちを助《たす》けてくれるやさしい存在《そんざい》”、
と考《かんが》えている人《ひと》はいませんか？
いえいえ、怒《おこ》らせてしまうと最《もっと》も恐《おそ》ろしい存在《そんざい》なのが、神様《かみさま》なのです。

廃神社《はいじんじゃ》にさまよう霊《れい》

涼子《りょうこ》さんの小学校《しょうがっこう》では、春《はる》に全校《ぜんこう》生徒参加《せいとさんか》の写生会《しゃせいかい》がある。モデルにする場所《ばしょ》は、涼子《りょうこ》さんたちの小学校《しょうがっこう》の学区《がっく》から、少《すこ》し足《あし》をのばした数《すう》カ所《しょ》から選《えら》べる。

涼子《りょうこ》さんはその年《とし》は、隣町《となりまち》にあるお城《しろ》のスケッチをすることにした。

このお城《しろ》をモデルに決《き》めた子《こ》は多《おお》く、行《い》ってみると、さほど広《ひろ》くない城内《じょうない》のあちこちに涼子《りょうこ》さんの小学校《しょうがっこう》の児童《じどう》の姿《すがた》が見《み》えた。

（私《わたし》はみんなとは違《ちが》う角度《かくど》から描《か》きたいな）

と思《おも》った涼子《りょうこ》さんは、思《おも》い切《き》って、お城《しろ》から山《やま》へと続《つづ》く脇道《わきみち》を登《のぼ》ってみることにした。

（山《やま》の上《うえ》からお城《しろ》が見《み》えないかな）

と思《おも》ったからだ。

しばらく登《のぼ》っていると、石《いし》でできた鳥居《とりい》らしきものが目《め》の端《はし》に入《はい》った気《き》がした。その場所《ばしょ》には、なんと古《ふる》い小《ちい》さな神社《じんじゃ》が建《た》っていた。

（うわー、こんな場所《ばしょ》に神社《じんじゃ》？）

涼子《りょうこ》さんは境内《けいだい》らしき場所《ばしょ》を歩《ある》いてみた。10歩《ぽ》も歩《ある》けばぐるりと一周《いっしゅう》できる程度《ていど》の大《おお》きさだった。

本殿《ほんでん》は崩《くず》れかけていて、狛犬《こまいぬ》は頭《あたま》の部分《ぶぶん》が欠《か》けていた。おさい銭箱《せんばこ》も鈴《すず》も、鈴緒《すずのお》もボロボロだった。涼子《りょうこ》さんは、あちこちに積《つ》もった枯《か》れ葉《は》や土《つち》を払《はら》うと、

「とりあえず」

と、お参《まい》りだけしてみんながいるお城《しろ》に戻《もど》った。

暗闇《くらやみ》の白《しろ》い手《て》

その夜《よる》のこと。涼子《りょうこ》さんは部屋《へや》の電気《でんき》を全《すべ》て消《け》して真《ま》っ暗《くら》な中《なか》で寝《ね》るのだが、ふと目《め》を開《あ》けると、その真《ま》っ暗闇《くらやみ》の中《なか》に白《しろ》い手《て》がひとつ浮《う》かんでいた。

（なんだろ）

涼子《りょうこ》さんは思《おも》わずその手《て》を握《にぎ》った。すると、すーっと手《て》が消《き》えた。冷《つめ》たい手《て》だった。翌朝《よくあさ》、

（変《へん》な夢《ゆめ》を見《み》たな）

と思《おも》い起《お》こすくらい、強烈《きょうれつ》だけどあっけない出来事《できごと》だった。

その次《つぎ》の夜《よる》。涼子《りょうこ》さんは、また深《しん》夜《や》にパチリと目《め》が覚《さ》めた。見《み》ると、暗闇《くらやみ》の中《なか》に、また白《しろ》い手《て》がにゅうっと浮《う》き出《で》ていた。手《て》は2本《ほん》に増《ふ》えていた。

また涼子《りょうこ》さんはその2本《ほん》の手《て》を握《にぎ》った。手《て》は、すうっと消《き》えた。涼子《りょうこ》さんはむくっと起《お》き上《あ》がった。

（夢《ゆめ》、じゃなかったの？）

しばらく座《すわ》ったままぼんやりしていたが、

（消《き》えてくれたんならいいか）

と、そのまま寝《ね》てしまった。

そしてさらに次《つぎ》の日《ひ》の夜《よる》。涼子《りょうこ》さんが目《め》を覚《さ》ますと、また白《しろ》い手《て》が現《あらわ》れていた。今度《こんど》は4本《ほん》。さすがに涼《りょう》子《こ》さんもひるんだ。

（怖《こわ》い！）

ぎゅうっと目《め》を閉《と》じ、再《ふたた》び目《め》を開《あ》けると、手《て》は10本《ぼん》ほどに増《ふ》えていた。

涼子《りょうこ》さんはがばっと布団《ふとん》の中《なか》にもぐり込《こ》み、ガタガタ震《ふる》えた。しかし、そのまま寝《ね》てしまった。

霊媒師《れいばいし》のおばさん

翌朝《よくあさ》、怖《こわ》くなった涼子《りょうこ》さんは、お母《かあ》さんに白《しろ》い手《て》のことを話《はな》してみた。お母《かあ》さんは、その時《とき》は相手《あいて》にしてくれなかったが、学校《がっこう》から帰《かえ》ると、リビングに見知《みし》らぬおばさんがいた。なんと『霊媒師《れいばいし》』なのだという。お母《かあ》さんの友《とも》だちの友《とも》だちで、幽霊《ゆうれい》をお祓《はら》いする仕事《しごと》をしているということだった。

おばさんは、涼子《りょうこ》さんの話《はなし》を聞《き》くと、何度《なんど》もうなずき、

「この程度《ていど》なら大丈夫《だいじょうぶ》」

と言《い》って、涼子《りょうこ》さんの肩《かた》を軽《かる》くポンと叩《たた》いた。

おばさんが言《い》うには、涼子《りょうこ》さんが訪《おとず》れた廃神社《はいじんじゃ》は、昔《むかし》、崖崩《がけくず》れで死《し》んでしまった人《ひと》たちがよく参拝《さんぱい》をしていた神社《じんじゃ》だったのだという。

「江戸時代《えどじだい》の後期《こうき》のことでね。しばらくは神社《じんじゃ》として機能《きのう》していたけど、明治《めいじ》に移築《いちく》されて、今《いま》では訪《おとず》れる人《ひと》がいなくなっちゃったのね」

と静《しず》かに語《かた》った。

神主《かんぬし》さんも参拝客《さんぱいきゃく》も来《こ》なくなり、見向《みむ》きをされなくなったあの廃神社《はいじんじゃ》には、行《ゆ》き場《ば》のない霊《れい》たちがさまよってしまっていたらしい。

そこに涼子《りょうこ》さんがやって来《き》て、やさしくしてくれた。そのため憑《つ》いてきてしまったのだという。

「この子《こ》に憑《つ》くのはやめて」

とおばさんは何《なに》かに語《かた》りかけ、涼《りょう》子《こ》さんの肩《かた》に手《て》をかけてなにやら呪《じゅ》文《もん》を唱《とな》え始《はじ》めた。

涼《りょう》子《こ》さんは気《き》持《も》ちが晴《は》れやかになった気《き》がした。

しかし、その夜《よる》、寝《ね》ている涼《りょう》子《こ》さんの前《まえ》に、再《ふたた》びあの白《しろ》い手《て》が1本《ぽん》、現《あらわ》れたのだ。

（全然《ぜんぜん》お祓《はら》いできてないじゃん！）

涼《りょう》子《こ》さんが泣《な》きそうになっていると、白《しろ》い手《て》は涼《りょう》子《こ》さんの頭《あたま》まで伸《の》びてきて、やさしく頭《あたま》をなでるような仕《し》草《ぐさ》をして、消《き》えた。

（成仏《じょうぶつ》してくれたんだ！）

ホッとした思《おも》いと、

（あの場《ば》所《しょ》に私《わたし》が立《た》ち入《い》らなかったら、まだあの霊《れい》たちはさまよっていたのかな）

という思《おも》いで、涼《りょう》子《こ》さんは複《ふく》雑《ざつ》な気《き》持《も》ちになった。

荒《あら》ぶる神《かみ》

裕《ひろ》樹《き》くんは、この夏《なつ》、恐《おそ》ろしい思《おも》いをした。

それは夏《なつ》休《やす》み前《まえ》の、学《がっ》校《こう》の「奉《ほう》仕《し》作《さ》業《ぎょう》」での出《で》来《き》事《ごと》が原《げん》因《いん》だった。

裕《ひろ》樹《き》くんの小《しょう》学《がっ》校《こう》では夏《なつ》休《やす》み前《まえ》に、学《がっ》校《こう》の周《まわ》りの代《だい》表《ひょう》的《てき》な場《ば》所《しょ》を班《はん》に分《わ》かれて掃《そう》除《じ》する。

市《し》民《みん》公《こう》園《えん》を担《たん》当《とう》する班《はん》、幹《かん》線《せん》道《どう》路《ろ》沿《ぞ》いが担《たん》当《とう》の班《はん》、川《かわ》べりが担《たん》当《とう》の班《はん》、さまざまだったが、裕《ひろ》樹《き》くんの班《はん》は「神《じん》社《じゃ》」の掃《そう》除《じ》を任《まか》された。

最《さい》初《しょ》のうちは、ゴミ拾《ひろ》いや、草《くさ》むしりなど、皆《みな》が真《ま》面《じ》目《め》に淡《たん》々《たん》と作《さ》業《ぎょう》をこなしていたが、次《し》第《だい》に飽《あ》きてきた児《じ》童《どう》が遊《あそ》び始《はじ》めた。

特《とく》に、裕《ひろ》樹《き》くんたち4年《ねん》生《せい》の男《だん》子《し》がサイアクだった。

「おい裕《ひろ》樹《き》、ちょっと来《き》て！　このほら穴《あな》、見《み》てみろよ」

中《なか》でもリーダーのように騒《さわ》ぎまくっていたこうじくんが言《い》った。

それは、子《こ》どもふたりくらいなら余《よ》裕《ゆう》で奥《おく》まで進《すす》んでいけそうな大《おお》きなほら穴《あな》だった。裕《ひろ》樹《き》くんは何《なん》度《ど》もこの神《じん》社《じゃ》に来《き》たことがあったが、初《はじ》めて見《み》るものだった。

「行《い》ってみようぜ？」

こうじくんがひそひそと言《い》った。

「白《しろ》い紙《かみ》が垂《た》れ下《さ》がってるし、よくないと思《おも》うよ」

ほら穴《あな》の入《い》り口《ぐち》には、しめ縄《なわ》がは

られ、しめ縄《なわ》には紙垂《しで》とよばれるヒラヒラとした白《しろ》い紙《かみ》がついていた。

すると、こうじくんが、

「こんなもの、こうだ」

と、なんと持《も》っていた棒《ぼう》でその縄《なわ》を取《と》り去《さ》ってしまった。

「やってしまった」

という気持《きも》ちの高《たか》ぶりから、その場《ば》はふたりでゲラゲラと笑《わら》って終《お》わった。しかしその晩《ばん》、こうじくんがいなくなってしまった。

水《みず》に襲《おそ》われる

こうじくんは、翌朝《よくあさ》、神社《じんじゃ》の横《よこ》を流《なが》れる川《かわ》べりに浮《う》かんでいるところを発見《はっけん》された。溺死《できし》だった。

奉仕活動《ほうしかつどう》を終《お》えて、全員《ぜんいん》が集合《しゅうごう》したところまでは、誰《だれ》もがこうじくんの存在《そんざい》を確認《かくにん》していた。

しかし、解散後《かいさんご》は誰《だれ》もこうじくんを見《み》ていないという。もちろん裕樹《ひろき》くんもだ。

こうじくんと裕樹《ひろき》くんは、神社《じんじゃ》から帰《かえ》る方向《ほうこう》が同《おな》じだったはずだ。しかし、不思議《ふしぎ》なくらい、こうじくんのことを覚《おぼ》えていない。

裕樹《ひろき》くんはあることが気《き》にかかって仕方《しかた》がなかった。それは、こうじくんが取《と》り去《さ》った、あのしめ縄《なわ》だ。

（あの呪《のろ》いかもしれない）

そう思《おも》うと怖《こわ》くて、誰《だれ》にも言《い》えなかった。しかし、亡《な》くなったこうじくんが、

「縄《なわ》のようなものを握《にぎ》っていた」

という話《はなし》を友《とも》だちに聞《き》かされてから、いてもたってもいられなくなり、ついに裕樹《ひろき》くんは、おばあちゃんにこっそり打《う》ち明《あ》けた。

「実《じつ》は、神社裏《じんじゃうら》のほら穴《あな》のしめ縄《なわ》を、この間川《あいだかわ》で死《し》んだ友《とも》だちが取《と》っちゃったんだけど……」

裕樹《ひろき》くんが言《い》い終《お》わらないうちに、おばあちゃんは、

「お前《まえ》らは何《なん》てことをしたんだっ」

と大声《おおごえ》で裕樹《ひろき》くんを怒鳴《どな》りつけた。

そして、

「それじゃ。それが原因《げんいん》じゃ」

と、神社《じんじゃ》の神主《かんぬし》さんに電話《でんわ》をかけに、裕樹《ひろき》くんのお母《かあ》さんのところへ行《い》った。そして、裕樹《ひろき》くんのところに戻《もど》ると、

「やってしまったことは仕方《しかた》がない。でも、よくもまあ……」

と、こんな話《はなし》をしてくれた。

龍神様《りゅうじんさま》の怒《いか》り

「神様《かみさま》というのはな、何《なん》でも許《ゆる》してくれるわけではない」

日本《にっぽん》では、『八百万《やおよろず》の神《かみ》』という言《こと》

葉《ば》があるように、たくさんの神様《かみさま》がいる。もちろんやさしい神様《かみさま》もいるが、気《き》が短《みじか》い神様《かみさま》もいる。

あの時《とき》、こうじくんがしめ縄《なわ》を取《と》ったほら穴《あな》には、龍神様《りゅうじんさま》が祀《まつ》られていたのだという。この龍神様《りゅうじんさま》は気《き》が短《みじか》く、自分《じぶん》を軽《かろ》んじる行為《こうい》をとられると、大暴《おおあば》れするのだそうだ。

「だから地元《じもと》の人《ひと》は誰《だれ》もあそこに近《ちか》づかないだろ？　子《こ》どもには教《おし》えとくべきかもしれんかったな」

と、おばあちゃんは何度《なんど》もため息《いき》をついた。

その後《ご》、裕樹《ひろき》くんが神社裏《じんじゃうら》のほら穴《あな》をのぞきに行《い》ってみると、神主《かんぬし》さんが丁寧《ていねい》にしめ縄《なわ》を張《は》り直《なお》してくれていた。

裕樹《ひろき》くんは改《あらた》めて、深々《ふかぶか》と、ほら穴《あな》に頭《あたま》をさげた。

本当《ほんとう》は怖《こわ》い山《やま》

古《ふる》い時代《じだい》、日本人《にほんじん》にとって山《やま》は"魂《たましい》が還《かえ》る場所《ばしょ》"でした。
山《やま》に不思議《ふしぎ》な話《はなし》や怖《こわ》いウワサが多《おお》いのは、
そんな魂《たましい》がさまよっているからだとしたら……。

霧《きり》の中《なか》にいるモノ

「せっかく旅行《りょこう》に行《い》くんだったら、ゆっくりと温泉《おんせん》にでも行《い》きたいわあ」

とお母《かあ》さんが言《い》い出《だ》し、綾乃《あやの》さん一家《いっか》の夏休《なつやす》みの家族旅行《かぞくりょこう》は、温泉《おんせん》に決《き》まった。

「この暑《あつ》いのに、温泉《おんせん》ー?」

と、綾乃《あやの》さんと綾乃《あやの》さんのお姉《ねえ》さんのもえのさんはブーブー文句《もんく》を言《い》ったが、温泉街《おんせんがい》は思《おも》ったよりも楽《たの》しかった。湯《ゆ》めぐりも面白《おもしろ》かったし、食事《しょくじ》も美味《おい》しかった。

思《おも》う存分遊《ぞんぶんあそ》んで、お父《とう》さんが運転《うんてん》する車《くるま》に揺《ゆ》られながら、綾乃《あやの》さんがうとうとしはじめた時《とき》のことだ。

「困《こま》ったな」

と、お父《とう》さんが急《きゅう》に車《くるま》を停《と》めた。

「どうしたの?」

辺《あた》りを見《み》わたすと、車《くるま》は深《ふか》い霧《きり》に包《つつ》まれていた。前方《ぜんぽう》も後方《こうほう》も街灯《がいとう》がなく、深《ふか》い闇《やみ》だ。数《すう》メートル先《さき》すら見《み》えない。

「え? ここどこ?」

と、お母《かあ》さんがイライラした声《こえ》で、カーナビゲーションの画面《がめん》をのぞき込《こ》んだ。綾乃《あやの》さんも後部座席《こうぶざせき》からのぞき込《こ》んでみた。

画面《がめん》を見《み》ると、車《くるま》はくねくねと曲《ま》がりくねった山道《やまみち》の、ちょうど真《ま》ん中《なか》にいるようだった。

幽霊《ゆうれい》が寄《よ》ってくる?

「幽霊《ゆうれい》ってさ、水気《みずけ》の多《おお》い場所《ばしょ》を好《この》むんだって。だから、霧《きり》の深《ふか》い日《ひ》って幽霊《ゆうれい》がでるらしいよ」

と、姉《あね》のもえのさんがポツリとつぶやいた。

「やめてよ」

綾乃《あやの》さんが、もえのさんをにらんだ。綾乃《あやの》さんは〝怖《こわ》い話《はなし》〟が苦手《にがて》だ。なのに、もえのさんは話《はなし》をやめない。

「山道《やまみち》っていうのもヤバいらしいよ。まだ見《み》つかってない死体《したい》が埋《う》まっていたりして」

「やめて」

綾乃《あやの》さんは耳《みみ》をふさいだ。

「だって、タクシーが幽霊《ゆうれい》をひろうのも、だいたい山《やま》でしょ?」

「聞《き》いたことないよ、そんな話《はなし》」

「地縛霊《じばくれい》も山《やま》に多《おお》いのよ」

「適当《てきとう》なこと言《い》わないでよ」

「そうそう、怖《こわ》い話《はなし》をしていると幽《ゆう》霊《れい》が寄《よ》ってくるのよ」

「お姉《ねえ》ちゃんが勝手《かって》に話《はな》しているだけじゃん」

ふたりで言《い》い合《あ》っていると、お母《かあ》さんが、

「やめなさい」

と叫《さけ》び、

「なんとかならないの?」

とお父《とう》さんに聞《き》いた。

「この状況《じょうきょう》だと、動《うご》くほうがヤバいんだけどな」

とお父《とう》さんは不機嫌《ふきげん》そうに答《こた》えたが、それでもソロソロと車《くるま》を動《うご》かし始《はじ》めた。

トイレに行《い》きたい

霧《きり》のせいか、暗闇《くらやみ》のせいか、周《まわ》りは全《まった》く見《み》えなかった。突然《とつぜん》、

「トイレに行《い》きたい」

もえのさんが言《い》い出《だ》した。

「ガマンしなさい。こんな時《とき》に外《そと》に出《で》るものじゃないわ」

お母《かあ》さんが言《い》った。

「えーっ。ヤダ！　トイレー！　降《お》ろしてー！　ここでするー！」

と騒《さわ》ぐもえのさんの声《こえ》を聞《き》きながら、綾乃《あやの》さんもトイレに行《い》きたくなってきた。

（ティッシュペーパーどこだっけ）

と綾乃《あやの》さんが自分《じぶん》のリュックの中《なか》をごそごそさぐっていると、温泉街《おんせんがい》の神社《じんじゃ》で買《か》ったお守《まも》りに指《ゆび》が触《ふ》れた。

すると、すっと、もえのさんが静《しず》かになった。

不思議《ふしぎ》に思《おも》った綾乃《あやの》さんは、もえのさんのほうを見《み》た。すーすーという大《おお》きな寝息《ねいき》が聞《き》こえた。どうも寝《ね》ているようだ。

「あら、騒《さわ》いでいたかと思《おも》ったら寝《ね》ちゃったみたいよ」
とお母《かあ》さんがクスクスと笑《わら》い始《はじ》めた。しかし、綾乃《あやの》さんは笑《わら》えなかった。寝《ね》ているはずのもえのさんの目《め》がぱっちりと開《あ》いていて、綾乃《あやの》さんのほうをギロギロと見《み》ているように感《かん》じたからだ。

窓《まど》についた無数《むすう》の手《て》

なので、山道《やまみち》を抜《ぬ》けて街灯《がいとう》が見《み》えた時《とき》、綾乃《あやの》さんは心底《しんそこ》ホッとした。

コンビニの明《あか》るいライトが見《み》えてきた時《とき》は、天《てん》の助《たす》けかと思《おも》った。

「お姉《ねえ》ちゃん、コンビニに着《つ》いたよ」

と綾乃《あやの》さんはもえのさんをのぞき込《こ》んだ。

「なかなか、うまくいかないなあ」

と、もえのさんは低《ひく》い声でポツリと言《い》った。お母《かあ》さんが
「きゃあああ」

という叫《さけ》び声《ごえ》をあげた。車《くるま》のあちこちに、大人《おとな》の大《おお》きさのものから、赤《あか》ちゃんの大《おお》きさのものまで、無数《むすう》の手《て》の跡《あと》がついていた。


その後《ご》すぐに、もえのさんは我《われ》に返《かえ》ったが、

「トイレに行《い》きたい」

と騒《さわ》いだことを〝全《まった》く覚《おぼ》えていない〟と言《い》う。

（あの時《とき》、あの霧《きり》の中《なか》で車《くるま》を降《お》りていたら……）

綾乃《あやの》さんは霧《きり》の中《なか》でのことを思《おも》い出《だ》しては、ゾッとするのだそうだ。

山道《やまみち》の案内人《あんないにん》

その夏《なつ》、洋《ひろし》くんは親《しん》せきのおじさんに誘《さそ》われて、山登《やまのぼ》りに挑戦《ちょうせん》した。メンバーは洋《ひろし》くんとおじさんと、その友《とも》だちのケンジさんの3人《にん》だ。

その時《とき》に聞《き》いた、怖《こわ》い話《はなし》だ。


おじさんは高校生《こうこうせい》の頃《ころ》から、登山《とざん》部《ぶ》に入部《にゅうぶ》するくらい山《やま》が好《す》きだ。

しかし、山登《やまのぼ》りをしていると、予《よ》想《そう》もしていないような事件《じけん》が起《お》きることがある。

おじさんが大学《だいがく》2年生《ねんせい》の頃《ころ》のことだ。登山《とざん》サークルに入《はい》ったおじさんは、仲間《なかま》と一緒《いっしょ》に中央《ちゅうおう》アルプスのある山《やま》の頂上《ちょうじょう》を目指《めざ》して歩《ある》いていた。

夏《なつ》とはいえ、標高《ひょうこう》が高《たか》くなるにつれ肌寒《はだざむ》くなり、うっすら雨《あめ》も降《ふ》り始《はじ》めた。

「今日《きょう》はさっさと帰《かえ》ろうぜ」

と仲間《なかま》と話《はな》していると、道《みち》の先《さき》に、うろうろ歩《ある》いている初老《しょろう》の男性《だんせい》を見《み》つけた。

男性《だんせい》はひたすら、その場所《ばしょ》を行《い》ったり来《き》たりをくり返《かえ》している。

不思議《ふしぎ》に思《おも》ったおじさんが、

「こんにちは」

と声《こえ》をかけると、男性《だんせい》は我《われ》に返《かえ》ったように驚《おどろ》き、

「よかったーっ。遭難《そうなん》したようなんだよ」

と、おじさんたちにフラフラと抱《だ》きついてきた。

といっても、男性《だんせい》がいたのは登山《とざん》道《どう》のルート上《じょう》だ。

「他《ほか》に誰《だれ》かいるんですか?」

と聞《き》くと、さらに道《みち》の先《さき》に奥《おく》さんらしき女性《じょせい》が倒《たお》れていた。ぐったりはしているが、意識《いしき》はあるようだ。

よくよく聞《き》くと、なんと夫婦《ふうふ》で丸《まる》2日《か》も道《みち》に迷《まよ》っていたのだという。しかし、どう考《かんが》えても迷《まよ》うような登《と》山道《ざんどう》ではない。

「その男性《だんせい》と奥《おく》さんは同《おな》じ道《みち》を何度《なんど》も往復《おうふく》していたようなんだ。狸《たぬき》か狐《きつね》に化《ば》かされたのかなっていう話《はなし》で落《お》ち着《つ》いたんだけど、山《やま》の神様《かみさま》か、遭《そう》難《なん》して死《し》んだ霊《れい》の仕業《しわざ》なんじゃないかと、ぼくは思《おも》うんだ」

と、おじさんは神妙《しんみょう》な面持《おもも》ちで話《はな》してくれた。

あの世《よ》とこの世《よ》をつなぐ場所《ばしょ》

「絶対《ぜったい》に道《みち》がないはずの場所《ばしょ》に、突《とつ》然道《ぜんみち》が現《あらわ》れたり、いきなりずしっと

背中《せなか》が重《おも》たくなったり、奇妙《きみょう》な音《おと》に追《お》いかけられたり、山《やま》はあの世《よ》との境《さか》い目《め》だとしか思《おも》えない話《はなし》がたくさんあるんだよ」

というおじさんの話《はなし》を聞《き》きながら、洋《ひろし》くんは、あることが言《い》い出《だ》せずにいた。

(ケンジさんがリュックの上《うえ》から背《せ》負《お》っている女性《じょせい》は誰《だれ》だろう?)

ケンジさんは、おじさんの話《はなし》にあいづちをうちながら、楽《たの》しそうにしている。人《ひと》をひとり背負《せお》っているような雰囲気《ふんいき》は全《まった》くない。

洋《ひろし》くんは聞《き》いてはいけないことのような気《き》がして、黙《だま》っていた。

その数週間後《すうしゅうかんご》、ケンジさんが交通《こうつう》

事故《じこ》で亡《な》くなった。

実《じつ》はケンジさんは、洋《ひろし》くんたちと一《いっ》緒《しょ》に登山《とざん》をする1カ月《げつ》ほど前《まえ》に彼女《かのじょ》を事故《じこ》で亡《な》くしていたのだという。

（もしかして、ケンジさんが背中《せなか》に背負《せお》っていたのは、その彼女《かのじょ》だったのかもしれない）

洋《ひろし》くんは、あの時《とき》、背中《せなか》に憑《つ》いていたモノをケンジさんに教《おし》えるべきだったのか、今《いま》でも悩《なや》むのだそうだ。

大人族《おおひとぞく》のヒミツ

壮介《そうすけ》くんは小学《しょうがく》3年生《ねんせい》だ。

壮介《そうすけ》くんには友《とも》だちには決《けっ》して言《い》えない、奇妙《きみょう》なヒミツがある。それは、

「ご先祖《せんぞ》さまが巨人《きょじん》だった」

という、にわかには信《しん》じられないものだ。

教《おし》えてくれたのは、2年前《ねんまえ》に亡《な》くなったひいおじいちゃんだ。

「壮《そう》ちゃん、誰《だれ》にも言《い》わないほうがいいけど、絶対《ぜったい》に忘《わす》れちゃいけないことだよ」

と、何度《なんど》も壮介《そうすけ》くんに語《かた》って聞《き》かせてくれた。

初《はじ》めて知《し》ったのは、小学《しょうがく》1年生《ねんせい》の時《とき》に参加《さんか》した「先祖祭《せんぞまつり》」でだ。先祖祭《せんぞまつり》は、親族《しんぞく》だけのお祭《まつ》りで、小学生《しょうがくせい》になるまでは参加《さんか》ができない。

（大人《おとな》たちは何《なん》のお祭《まつ》りをしているんだろう？）

と、不思議《ふしぎ》に思《おも》っていた壮介《そうすけ》くんは、その実体《じったい》を知《し》って、ものすごく驚《おどろ》いた。

お祭《まつ》りは、ご先祖《せんぞ》さまが祀《まつ》られている県境《けんざかい》の山《やま》の奥深《おくふか》くで行《おこな》われる。

この場所《ばしょ》にボロボロのお寺《てら》がある。その裏手《うらて》に小《ちい》さな洞《どう》くつがある。入《い》り口《ぐち》は狭《せま》いが、奥《おく》に行《い》くと広《ひろ》めのリビングくらいのスペースがあって、そこには書物《しょもつ》などが保存《ほぞん》されている。

壮介《そうすけ》くんはその中《なか》から1冊《さつ》だけ、お父《とう》さんに開《ひら》いて見《み》せてもらった。それは、『大人族《おおひとぞく》』と書《か》かれた、家系《かけい》図《ず》だった。

「おとなぞく？」

と言《い》う壮介《そうすけ》くんに、お父《とう》さんは、

「『おおひとぞく』って読《よ》むんだ。〝おおひと〟とは〝大《おお》きい人《ひと》〟つまり〝巨人《きょじん》〟をさすんだ。我々《われわれ》のご先《せん》祖《ぞ》さまだよ」

と教《おし》えてくれた。

「でも、ぼくもお父《とう》さんも、おじいちゃんも、おじさんもそんなに大《おお》き

くないじゃん」

と思《おも》わず聞《き》くと、お父《とう》さんはさらにこんな話《はなし》をしてくれた。

巨人《きょじん》にまつわる昔話《むかしばなし》

昔《むかし》、日本《にっぽん》にも巨人《きょじん》がいた。

他《ほか》の人《ひと》よりも明《あき》らかに大《おお》きい、異形《いぎょう》と呼《よ》ばれる姿《すがた》のために、人間《にんげん》とは別《べつ》に、山《やま》の奥深《おくふか》くにひっそりと暮《く》らしていた。

これは、奈良時代初期《ならじだいしょき》に編纂《へんさん》された『常陸国風土記《ひたちのくにふどき》』にもしっかりと記録《きろく》されている。

文章《ぶんしょう》を抜《ぬ》き出《だ》すとこうだ。

〝平津驛家西一二里　有岡　名曰　大櫛
上古有人　體極長大　身居丘壟之上　手
摎海濱之蜃　大蛤也　其所食貝　積聚成
岡　時人　取大朽之義　今謂大櫛之岡　其
踐跡　長卌余歩　廣廿余歩　尿穴徑可廿
余歩計〞　『常陸國風土記《ひたちのくにふどき》』

意味《いみ》は、

「今《いま》の茨城県水戸市《いばらきけんみとし》に大串《おおくし》という丘《おか》がある。大昔《おおむかし》、そこに巨人《きょじん》がいて、丘《おか》の上《うえ》にいながら手《て》を海《うみ》まで伸《の》ばしてはまぐりを食《た》べていた。巨人《きょじん》が食《た》べた貝《かい》は、そのまま丘《おか》で捨《す》てていたので積《つ》もって大串貝塚《おおぐしかいづか》となった。当時《とうじ》は大朽《おおくち》といったが、今《いま》は大櫛《おおくし》の丘《おか》という。巨人《きょじん》の足《あし》は長《なが》さ7メートルくらい、幅《はば》が3・5メートルで、小便《しょうべん》が溜《た》まった穴《あな》は直径《ちょっけい》3・5メートルだった……」

その血《ち》を継《つ》ぐもの

目《め》を白黒《しろくろ》させる壮介《そうすけ》くんに、当時《とうじ》まだ生《い》きていたひいおじいちゃんが、

「足《あし》の長《なが》さが7メートルということは、50メートルくらい身長《しんちょう》があったということだ」

と教《おし》えてくれた。ぼうぜんとしている壮介《そうすけ》くんを横目《よこめ》に、儀式《ぎしき》は淡々《たんたん》と進《すす》んでいる。

(僕《ぼく》が巨人《きょじん》だったら……)

それは、決《けっ》して周《まわ》りの人《ひと》にとってはいいことばかりではないと、壮介《そうすけ》くんは思《おも》う。

自分《じぶん》が何《なに》かを破壊《はかい》したり、自分《じぶん》の力《ちから》を見《み》せつけたり、そんなことをしないとは言《い》い切《き》れないからだ。

「人間《にんげん》のような姿《すがた》になったのは、ある時点《じてん》で、ご先祖《せんぞ》さまが強《つよ》く願《ねが》ったからかもしれないな」

というひいおじいちゃんの言葉《ことば》を耳《みみ》にしながら、ひょっとしたら「妖怪《ようかい》」と呼《よ》ばれていた生《い》き物《もの》は本当《ほんとう》に存在《そんざい》していて、自分《じぶん》のような子孫《しそん》が身近《みぢか》にいるのかもしれないと、壮介《そうすけ》くんは思《おも》った。

本当《ほんとう》は怖《こわ》い駅《えき》

知《し》らない人《ひと》たちと一緒《いっしょ》に電車《でんしゃ》を待《ま》つ駅《えき》は、
変《か》わった事件《じけん》が起《お》こりがちです。
そのせいか、怖《こわ》いウワサも多《おお》くささやかれているようです。

始発電車《しはつでんしゃ》の叫《さけ》び声《ごえ》

亮《りょう》くんのお兄《にい》さんのタカシさんは中学《ちゅうがく》1年生《ねんせい》だ。サッカー部《ぶ》に入部《にゅうぶ》し、毎日放課後《まいにちほうかご》はグラウンドで汗《あせ》を流《なが》している。

レギュラーにはほど遠《とお》いが、3年《ねん》生《せい》も引退《いんたい》し、新人戦《しんじんせん》に向《む》けて毎朝早《まいあさはや》起《お》きして朝練《あされん》にもはげんでいた。

そんなある日《ひ》のことだ。

亮《りょう》くんがリビングで宿題《しゅくだい》をしていると、タカシさんが暗《くら》い表情《ひょうじょう》をして家《いえ》に帰《かえ》ってきた。そして、お母《かあ》さんに、

「ぼく、これから一駅《ひとえき》向《む》こうの駅《えき》から電車《でんしゃ》に乗《の》る。朝《あさ》、15分《ふん》ほど早《はや》く家《いえ》を出《で》ることになるけどいい？」

と告《つ》げた。

「それはいいけど、何故《なぜ》？」

と聞《き》くお母《かあ》さんに、タカシさんはこんな話《はなし》を始《はじ》めた。

叫《さけ》び声《ごえ》が聞《き》こえる

タカシさんは私立《しりつ》の中学校《ちゅうがっこう》に通《かよ》っている。亮《りょう》くんの家《いえ》の周《まわ》りには同《おな》じ中学《ちゅうがく》に通《かよ》う生徒《せいと》がいないこともあり、途中《とちゅう》の駅《えき》までは通学《つうがく》はタカシさんひとりだ。

タカシさんが使《つか》っている駅《えき》を利用《りよう》する通勤客《つうきんきゃく》がさほど多《おお》くないこともあり、朝練《あされん》の日《ひ》は、タカシさんはほぼひとりでホームで電車《でんしゃ》を待《ま》つことになる。

数週間前《すうしゅうかんまえ》、ホームに始発電車《しはつでんしゃ》が入《はい》ってきた瞬間《しゅんかん》、タカシさんは足下《あしもと》で男《おとこ》の人《ひと》の、

「うわあああ」

という叫《さけ》び声《ごえ》を聞《き》いたような気《き》がした。

「え？　事故《じこ》？」

と周《まわ》りを見《み》わたしたが、誰《だれ》もいない。電車《でんしゃ》の下《した》をのぞき込《こ》んでもみたが、もちろん人《ひと》がいるわけがない。電車《でんしゃ》も何《なに》ごともなく出発《しゅっぱつ》した。

タカシさんは、

（気《き》のせいかな）

と思《おも》い、学校《がっこう》へと向《む》かった。

しかし、一度《いちど》気《き》になると、その瞬《しゅん》間《かん》を気《き》にするようになるものだ。毎《まい》朝《あさ》のように、始発電車《しはつでんしゃ》がホームに入《はい》ってくるとともに、

「うわあああ」

という男《おとこ》の人《ひと》の叫《さけ》び声《ごえ》が耳《みみ》に入《はい》ってくるようになった。しかもその声《こえ》は日《ひ》に日《ひ》に大《おお》きくなってきているような気《き》がした。

あまりにも気《き》になるので、タカシさんは同《おな》じサッカー部《ぶ》の友《とも》だちに、この叫《さけ》び声《ごえ》の話《はなし》をしてみた。

すると、こんな話《はなし》を聞《き》かされた。

何度《なんど》も電車《でんしゃ》にひかれる!?

実《じつ》は、タカシさんが利用《りよう》している駅《えき》で十数年前《じゅうすうねんまえ》に、男性《だんせい》が電車《でんしゃ》にはねられて亡《な》くなるという事故《じこ》が起《お》きたのだそうだ。

男性《だんせい》の家《いえ》からは遺書《いしょ》が見《み》つかり、「自殺《じさつ》」ということで落《お》ち着《つ》いた。

しかし、それからというものこの駅《えき》では、〝夜中《よなか》に男子《だんし》トイレからすすり泣《な》く声《こえ》が聞《き》こえる〟〝ホームから男《おとこ》

の人《ひと》の手《て》がにゅっと出《で》てきた〟など、さまざまな怪奇現象《かいきげんしょう》がウワサされるようになったという。

タカシさんは怖《こわ》い話《はなし》を信《しん》じていない。その時《とき》は、

「バカバカしい」

と大笑《おおわら》いした。

しかし気《き》になったタカシさんは、さらにクラスでも同《おな》じ話《はなし》をしてみた。

すると、怖《こわ》い話好《はなしず》きの女子《じょし》から、こんな恐《おそ》ろしい話《はなし》を聞《き》かされた。

「自殺《じさつ》をした人《ひと》は、成仏《じょうぶつ》するまで何回《なんかい》も何回《なんかい》も自分《じぶん》が死《し》ぬ瞬間《しゅんかん》をくり返《かえ》すらしいよ。だから、飛《と》び降《お》り自殺《じさつ》をした人《ひと》は、永遠《えいえん》に飛《と》び降《お》り続《つづ》けるんですって。ひょっとしたら、その男《おとこ》の人《ひと》、毎朝電車《まいあさでんしゃ》にひかれてるのかもね」

(じゃあ、自分《じぶん》が毎朝《まいあさ》聞《き》いている叫《さけ》び声《ごえ》は、自殺《じさつ》した男《おとこ》の人《ひと》の声《こえ》？)

とタカシさんは恐《おそ》ろしくなったが、

すぐに、

(いや、電車《でんしゃ》のブレーキの音《おと》を聞《き》き間違《まちが》えたのかもしれない)

と思《おも》い直《なお》すことにした。

その日《ひ》の帰《かえ》り道《みち》のことだ。タカシさんがいつものように電車《でんしゃ》を降《お》りると、電車《でんしゃ》の下《した》から男《おとこ》の人《ひと》の声《こえ》が聞《き》こえてきた。

「おい、気付《きづ》いてるんだろ」

朝《あさ》の叫《さけ》び声《ごえ》によく似《に》た、男性《だんせい》の低《ひく》い声《こえ》だった。

タカシさんは今《いま》、別《べつ》の駅《えき》から通学《つうがく》をしている。

瑠璃《るり》さんは通学《つうがく》に電車《でんしゃ》を利用《りよう》している。毎日《まいにち》、仲良《なかよ》しのゆなちゃんとあきちゃんと一緒《いっしょ》に、電車《でんしゃ》を乗《の》り降《お》りしていた。

この電車《でんしゃ》だが、瑠璃《るり》さんたちが住《す》む町《まち》から学校《がっこう》へ1本《ぽん》で行《い》ける便《びん》は、1時間《じかん》に2本《ほん》しかない。そのため瑠《る》璃《り》さんたちは、たまに、駅《えき》にいる人《ひと》にいたずらをして時間《じかん》をつぶす。

いたずらといっても、ささいなことだ。知《し》らない子《こ》にあえて、

「あれ？　久《ひさ》しぶり」

と「知《し》っている人《ひと》のフリ」をして話《はな》し始《はじ》める。相手《あいて》の驚《おどろ》く反応《はんのう》を見《み》て楽《たの》しんでいた。

話《はな》しかけてはいけない

消《き》えた男《おとこ》の子《こ》

ある日《ひ》、瑠璃《るり》さんたちが駅《えき》で電車《でんしゃ》を待《ま》っていると、ベンチに見《み》おぼえのない男《おとこ》の子《こ》が座《すわ》っているのを見《み》つけた。3人《にん》は顔《かお》を見合《みあ》わせた。

「ねえ、私《わたし》のこと覚《おぼ》えてる？」

と、瑠璃《るり》さんは男《おとこ》の子《こ》に声《こえ》をかけた。男《おとこ》の子《こ》は驚《おどろ》いた顔《かお》をし、ゆなちゃんとあきちゃんはその様子《ようす》を見《み》て、クスクス笑《わら》った。

「ぼくのこと知《し》ってるの？」

男《おとこ》の子《こ》は答《こた》えた。

「知《し》ってるよ。久《ひさ》しぶりだね」

瑠璃《るり》さんは答《こた》えた。「何《なん》でも知《し》ってるの？」「知《し》ってる」というやりとりを何度《なんど》かくり返《かえ》し、男《おとこ》の子《こ》が聞《き》いてきた。

「じゃあ、ぼくの手首《てくび》知《し》ってる？」

瑠璃《るり》さんは変《へん》な質問《しつもん》だなと思《おも》いながら、

「ベッドの下《した》」

と適当《てきとう》に答《こた》えた。

「じゃあ、右腕《みぎうで》は？」「左足《ひだりあし》は？」「腰《こし》は？」「肩《かた》のあたりは？」と、質問《しつもん》は続《つづ》く。瑠璃《るり》さんがあきてきたとき、男《おとこ》の子《こ》が聞《き》いた。

「ボクの内臓《ないぞう》は？」

「え？　そのへん」

瑠璃《るり》さんが適当《てきとう》に、ホームの辺《あた》りを指差《ゆびさ》すと、

「それだけ、アタリ」

と、立《た》ち上《あ》がり、線路《せんろ》に飛《と》び込《こ》んだ。驚《おどろ》いた瑠璃《るり》さんたちが駆《か》け寄《よ》ると、男《おとこ》の子《こ》は消《き》えていた。

瑠璃《るり》さんたちは、数年前《すうねんまえ》この駅《えき》で、同年代《どうねんだい》の男《おとこ》の子《こ》が電車《でんしゃ》にはねられて亡《な》くなったことをその瞬間《しゅんかん》、思《おも》い出《だ》した。

電光掲示板《でんこうけいじばん》の上《うえ》の人《ひと》

桃花《ももか》さんは毎週水曜日《まいしゅうすいようび》、自分《じぶん》の家《いえ》の最寄《もよ》り駅《えき》から2駅先《えきさき》にある絵画教室《かいがきょうしつ》に電車《でんしゃ》で通《かよ》っていた。

しかし今《いま》、桃花《ももか》さんは電車《でんしゃ》を利用《りよう》していない。それはこんな事件《じけん》があったからだ。

桃花《ももか》さんが乗《の》る駅《えき》には、行《い》き先《さき》と乗車時間《じょうしゃじかん》を告《つ》げる電光掲示板《でんこうけいじばん》が、天井《てんじょう》からぶら下《さ》がっている。

その掲示板《けいじばん》に向《む》かって、ぶつぶつ文句《もんく》を言《い》う、50代《だい》くらいのおじさんがいた。

「何《なん》だお前《まえ》、またいるのか」

「こっち見《み》るなって言《い》ってるだろ」

周《まわ》りの人《ひと》は、誰《だれ》もおじさんのほうを見《み》ようとしない。

桃花《ももか》さんが初《はじ》めておじさんを見《み》たのは、お母《かあ》さんと一緒《いっしょ》のときだ。

「おい、いいかげんにしろよ」

と電光掲示板《でんこうけいじばん》に向《む》かって、時《とき》には叫《さけ》ぶおじさんを見《み》て、桃花《ももか》さんのお母《かあ》さんは、

「絶対《ぜったい》にあの人《ひと》を見《み》ちゃだめよ」

と桃花《ももか》さんに耳打《みみう》ちをした。

「言《い》われなくても分《わ》かってるわよ」

桃花《ももか》さんは、駅《えき》のホームでおじさんを見《み》かけると、

(また〝文句《もんく》おじさん〟がいるな)

と目《め》をそらしていた。

何《なに》かいる!

しかしその日《ひ》、桃花《ももか》さんは風邪《かぜ》をひいていて、頭《あたま》が少《すこ》しぼーっとしていた。

(やっぱり絵画教室《かいがきょうしつ》はお休《やす》みにして、家《いえ》に帰《かえ》ろうかな)

と考《かんが》えていたこともあり、思《おも》わず、〝文句《もんく》おじさん〟の頭上《ずじょう》にある電光掲示板《でんこうけいじばん》を見上《みあ》げた。すると、動《うご》く何《なに》かが見《み》えた。

(鳥《とり》? ネコ?)

と目《め》をこらすと、なんと人間《にんげん》の女《おんな》の人《ひと》だった。

〝人間《にんげん》の〟というと、ちょっと間違《まちが》いかもしれない。

黒《くろ》くどろりと溶《と》けた、上半身《じょうはんしん》だけの女《おんな》の人《ひと》のようなものが、電光掲示板《でんこうけいじばん》におおいかぶさるようにして周囲《しゅうい》をギラギラと見回《みまわ》していた。

(え? お化《ば》け?)

桃花《ももか》さんが固《かた》まっていると、桃花《ももか》さんの異変《いへん》に気付《きづ》いた〝文句《もんく》おじさん〟が、桃花《ももか》さんのところに突進《とっしん》し

てきた。

「見《み》えるのか？　お前《まえ》にも見《み》えるのか？」

思《おも》わず桃花《ももか》さんはその場《ば》にへたり込《こ》んでしまった。おじさんは周《まわ》りにいた大人《おとな》たちにとりおさえられた。桃花《ももか》さんはそのまま、気《き》を失《うしな》ってしまった。

それ以降《いこう》、桃花《ももか》さんは電車《でんしゃ》での教《きょう》室通《しつがよ》いをやめた。

しかし、たまに電車《でんしゃ》に乗《の》る時《とき》にあの電光掲示板《でんこうけいじばん》をチラッと見《み》ると、女《おんな》の人《ひと》らしきモノが見《み》えることがあるのだという。

女《おんな》の人《ひと》は、桃花《ももか》さんのほうを見《み》てニヤニヤと何《なに》かを話《はな》しかけているようで、桃花《ももか》さんは思《おも》わず、

「こっちを見《み》ないでよ」

と言《い》いそうになるのだそうだ。

本当《ほんとう》は怖《こわ》い遊園地《ゆうえんち》

**大人《おとな》も子《こ》どもも一緒《いっしょ》になって楽《たの》しめる遊園地《ゆうえんち》は、
明《あか》るい笑《わら》い声《ごえ》があふれるスポットです。
しかし……。だからこそ闇《やみ》の部分《ぶぶん》は、深《ふか》く暗《くら》いのかもしれません。**

鏡《かがみ》の国《くに》に住《す》む何《なに》か

未央《みお》さんは今《いま》、すごく気《き》になっていることがある。それは友《とも》だちのかりんちゃんのことだ。

うまく言《い》えないが、かりんちゃんが、かりんちゃんではなくなったような気《き》がするのだ。そして未央《みお》さんには、その理由《りゆう》がなんとなく分《わ》かっている。

しかし、あまりにも〝ありえない〟理由《りゆう》なので、誰《だれ》にも相談《そうだん》することができない。

かりんちゃんが変《か》わってしまった理由《りゆう》……。

それは夏《なつ》に、未央《みお》さんの町《まち》に、市《し》制何周年《せいなんしゅうねん》かの記念《きねん》イベントで期間《きかん》限定《げんてい》で建《た》てられた「ミニ遊園地《ゆうえんち》」がきっかけだった。

ミニ遊園地《ゆうえんち》とはいうが中身《なかみ》はなかなか本格的《ほんかくてき》で、小《ちい》さな観覧車《かんらんしゃ》やメリーゴーランド、ゴーカートやトランポリンハウスもあった。

プールエリアには大《おお》きなジェットスライダーが設置《せっち》されていて、夏《なつ》の間《あいだ》、多《おお》くの子《こ》どもでにぎわった。

お化《ば》け屋敷《やしき》も人気《にんき》のスポットだった。しかし、未央《みお》さんとかりんちゃんがお気《き》に入《い》りだったのは『鏡《かがみ》の国《くに》』なる迷路《めいろ》だ。

不思議《ふしぎ》の国《くに》のアリスをイメージしたような巨大《きょだい》な女《おんな》の子《こ》が出《で》てきたり、ぼんやりしていると鏡《かがみ》に激突《げきとつ》しそうになったり、未央《みお》さんとかりんちゃんの姿《すがた》がどこまでも続《つづ》く合《あ》わせ鏡《かがみ》が、いくつもあり、

「混《こん》ざつしているお化《ば》け屋敷《やしき》より、こっちのほうがよっぽど怖《こわ》いよね」

「『鏡《かがみ》の国《くに》のアリス』みたい」

と、未央《みお》さんとかりんちゃんは『鏡《かがみ》の国《くに》』に足《あし》しげく通《かよ》った。

鏡《かがみ》の自分《じぶん》の動《うご》きが、違《ちが》う!?

いよいよミニ遊園地《ゆうえんち》も終《お》わりに近《ちか》づいたある日《ひ》、かりんちゃんが、

「一番《いちばん》のりで『鏡《かがみ》の国《くに》』に行《い》きたいから、今度《こんど》は朝早《あさはや》く行《い》こうよ」

と言《い》い出《だ》した。未央《みお》さんはすでに夏休《なつやす》みの宿題《しゅくだい》を終《お》わらせていたこともあり、すぐにOKした。

「朝一番《あさいちばん》に入《はい》ろう」

と未央《みお》さんとかりんちゃんは、開《かい》園前《えんまえ》のミニ遊園地《ゆうえんち》の入《い》り口《ぐち》に向《む》かったが、すでに行列《ぎょうれつ》ができていた。

しかし『鏡《かがみ》の国《くに》』のほうに足《あし》を向《む》ける人《ひと》はいなく、未央《みお》さんとかりんちゃんは、初《はじ》めて誰《だれ》にも邪魔《じゃま》されずに『鏡《かがみ》の国《くに》』を楽《たの》しんだ。

キャーキャー言《い》いながら出口《でぐち》に向《む》かって進《すす》んでいると、かりんちゃんが急《きゅう》に足《あし》を止《と》め、

「未央《みお》ちゃん見《み》て見《み》て。こんな鏡《かがみ》、知《し》ってた? 自分《じぶん》がしたリアクションが数秒後《すうびょうご》に映《うつ》るのよ」

と言《い》い出《だ》した。

かりんちゃんが笑《わら》うと、2秒後《びょうご》くらいに鏡《かがみ》に映《うつ》ったかりんちゃんも笑《わら》う。かりんちゃんが口《くち》に指《ゆび》を当《あ》てると、やはり2秒後《びょうご》くらいに鏡《かがみ》に映《うつ》ったかりんちゃんが同《おな》じ行動《こうどう》を取《と》るのだという。

しかしその時《とき》、未央《みお》さんは上下《じょうげ》の合《あ》わせ鏡《かがみ》に映《うつ》る自分《じぶん》の姿《すがた》が気《き》になっていたこともあり、

「でも、こっちの合《あ》わせ鏡《かがみ》のほうが面白《おもしろ》いよ」

とかりんちゃんを誘《さそ》い返《かえ》した。

「でも、これすごいよ」

とかりんちゃん。

「どうなってるんだろ。仕組《しく》みが分《わ》からない。こっちは怒《おこ》っているのに、鏡《かがみ》に映《うつ》る私《わたし》は笑《わら》ってるのよ」

未央《みお》さんは、おかしいなとは思《おも》った。しかし、入《い》り口《ぐち》から何人《なんにん》もの人《ひと》の声《こえ》が聞《き》こえてきたこともあり、

「そろそろ出《で》よう？」

と、かりんちゃんに声《こえ》をかけた。

鏡《かがみ》の中《なか》の……人《ひと》？

その日《ひ》からだ。未央《みお》さんがかりんちゃんに対《たい》して、おかしいなと感《かん》じ始《はじ》めたのは。

まず、いきなり、

「これから私《わたし》、左利《ひだりき》きになるわ」

と、これまで右利《みぎき》きだったのが左《ひだり》利《き》きに変《か》わった。理由《りゆう》は、

「そのほうが、かっこいい」

というものだが、元々《もともと》左利《ひだりき》きだったとしか思《おも》えないくらい、スムーズに筆記用具《ひっきようぐ》や箸《はし》を使《つか》う。

顔《かお》の雰囲気《ふんいき》も少《すこ》し変《か》わった。右《みぎ》にあったはずのおでこのホクロも、左《ひだり》に移動《いどう》しているように見《み》える。

まじまじと見《み》る未央《みお》さんに、かりんちゃんは、

「何《なに》？」

と、うっとうしそうだ。次第《しだい》に、

郵便はがき

おそれいりますが切手をおはりください。

103-0001

〈受取人〉

東京都中央区日本橋小伝馬町9－10

株式会社 理論社

読者カード係 行

お名前（フリガナ）

ご住所 〒 TEL

e-mail

書籍はお近くの書店様にご注文ください。または、理論社営業局にお電話ください。

代表・営業局：tel 03-6264-8890 fax 03-6264-8892

理論社

http://www.rironsha.com

ご愛読ありがとうございます

読者カード

●ご意見、ご感想、イラスト等、ご自由にお書きください。

●お読みいただいた本のタイトル

●この本をどこでお知りになりましたか？

●この本をどこの書店でお買い求めになりましたか？

●この本をお買い求めになった理由を教えて下さい

●年齢　　　歳　　　●性別　男・女

●ご職業　1. 学生（大・高・中・小・その他）　2. 会社員　3. 公務員　4. 教員　5. 会社経営　6. 自営業　7. 主婦　8. その他（　　　）

●ご感想を広告等、書籍のＰＲに使わせていただいてもよろしいでしょうか？

（実名で可・匿名で可・不可）

ご協力ありがとうございました。今後の参考にさせていただきます。

ご記入いただいた個人情報は、お問い合わせへのご返事、新刊のご案内送付等以外の目的には使用いたしません。

かりんちゃんは未央《みお》さんを避《さ》けるようになっていった。

「もしかして、かりんちゃん、『鏡《かがみ》の国《くに》』で鏡《かがみ》の中《なか》の人《ひと》と入《い》れ替《か》わっちゃったの？」

なんて、思《おも》っていても聞《き》けるわけがない。

未央《みお》さんはたまに、鏡《かがみ》で自分《じぶん》の姿《すがた》を見《み》てギョッとする。ふと気《き》を抜《ぬ》いた時《とき》、鏡《かがみ》の中《なか》の自分《じぶん》が、全《まった》く別《べつ》の表《ひょう》情《じょう》や行動《こうどう》をしているように見《み》えることがあるからだ。

迷子《まいご》の男《おとこ》の子《こ》

「また迷子《まいご》になっちゃった」

理沙《りさ》さんは、迷子《まいご》の達人《たつじん》だ。デパートやショッピングセンター、レジャー施設《しせつ》で、迷子《まいご》にならなかったことはない。

この日《ひ》も理沙《りさ》さんは、家族《かぞく》で遊園《ゆうえん》地《ち》に来《き》ていたが、あっという間《ま》にはぐれてしまった。

「お母《かあ》さんも私《わたし》をちゃんと見《み》ててくれないと困《こま》るわ」

理沙《りさ》さんは、ぶつくさ言《い》いつつ、迷子《まいご》センターに向《む》かった。

理沙《りさ》さんくらいの達人《たつじん》になると、親《おや》とはぐれたくらいで慌《あわ》てたりはしない。そんな時《とき》は迷《まよ》わず、迷子《まいご》センターに行《い》き、

「寺口理沙《てらぐちりさ》といいます。小学《しょうがく》4年生《ねんせい》です。迷子《まいご》になりました。母《はは》の寺口《てらぐち》アキコを呼《よ》び出《だ》していただいてもいですか？」

と係《かかり》の人《ひと》に告《つ》げると、係《かかり》の人《ひと》はすぐに迷子案内《まいごあんない》の場内《じょうない》アナウンスをかけてくれる。

するとお母《かあ》さんが血相《けっそう》を変《か》えて、迷子《まいご》センターに駆《か》け込《こ》んで来《き》てくれる。そして理沙《りさ》さんは、軽《かる》くお説教《せっきょう》されることになる。

イヤ、イヤ、イヤ

理沙《りさ》さんが迷子《まいご》センターを探《さが》していると、小《ちい》さい男《おとこ》の子《こ》が泣《な》いているのが見《み》えた。

（あの子《こ》も迷子《まいご》かな）

と思《おも》った理沙《りさ》さんは、男《おとこ》の子《こ》のそばに行《い》くと、男《おとこ》の子《こ》の目線《めせん》まで腰《こし》をかがめ、

「お母《かあ》さんは？　お姉《ねえ》ちゃんこれから迷子《まいご》センターに行《い》くんだけど、一《いっ》緒《しょ》に行《い》こうか」

と声《こえ》をかけた。男《おとこ》の子《こ》は、

「イヤ、イヤ、イヤ」

と泣《な》きじゃくる。

「お母《かあ》さんは？」

と聞《き》いても、

「イヤ、イヤ、イヤ」

と泣《な》くばかりで、顔《かお》も見《み》せてくれない。周囲《しゅうい》に男《おとこ》の子《こ》のお母《かあ》さんらしき人《ひと》も見《み》あたらない。

（困《こま》ったな……）

と立《た》ち尽《つ》くしていると、

「理沙《りさ》！」

と理沙《りさ》さんのお母《かあ》さんの声《こえ》がした。

理沙《りさ》さんが振《ふ》り向《む》くと、理沙《りさ》さんの家族《かぞく》が、理沙《りさ》さんのところに走《はし》ってきた。

「あのね、迷子《まいご》になっちゃった子《こ》を見《み》つけてね……」

と理沙《りさ》さんが男《おとこ》の子《こ》の方《ほう》を見《み》ると、男《おとこ》の子《こ》は消《き》えていた。

「何言《なにい》ってるの？」

理沙《りさ》さん以外《いがい》に、男《おとこ》の子《こ》の姿《すがた》は見《み》えていなかったのだ。

男《おとこ》の子《こ》の哀《かな》しい行《ゆ》く末《すえ》

「あの子《こ》、幽霊《ゆうれい》だったのかなあ」

理沙《りさ》さんは翌日《よくじつ》、クラスメイトのみきちゃんとさりちゃんに話《はな》した。

すると、理沙《りさ》さんの話《はなし》を遠《とお》くで聞《き》いていたみゆきちゃんが、

「知《し》らないの？　あの遊園地《ゆうえんち》、子《こ》どもの幽霊《ゆうれい》が出《で》るんだよ」

と教《おし》えてくれた。

何《なん》でも、昔《むかし》、その遊園地《ゆうえんち》では子《こ》どもの誘拐事件《ゆうかいじけん》が多発《たはつ》したのだそうだ。ターゲットになったのは迷子《まいご》の子《こ》どもで、ウワサでは、悪《わる》い大人《おとな》につかまって外国《がいこく》に「売《う》られた」というこ

とだった。

「単《たん》なる人身売買《じんしんばいばい》ならまだしも、子《こ》どものキレイな臓器《ぞうき》を高《たか》い値段《ねだん》で買《か》う人《ひと》ってすごく多《おお》くて、すぐに殺《ころ》されたとも言《い》われてるんだよ」

とのことだった。

理沙《りさ》さんは、あの男《おとこ》の子《こ》の泣《な》き声《ごえ》を思《おも》い出《だ》した。

「イヤ、イヤ、イヤ」

と強《つよ》く首《くび》を振《ふ》っていた。

もし、あの男《おとこ》の子《こ》が遊園地《ゆうえんち》でつれ去《さ》られて亡《な》くなった子《こ》の幽霊《ゆうれい》だとしたら……。

(なんとか成仏《じょうぶつ》できないかな)

あの、首《くび》を振《ふ》りながら泣《な》きじゃくっていた小《ちい》さな男《おとこ》の子《こ》の姿《すがた》を思《おも》い出《だ》すと、理沙《りさ》さんはかわいそうで仕《し》方《かた》がなかった。

叫《さけ》び声《ごえ》の理由《りゆう》

その夏《なつ》、晶《あきら》くん一家《いっか》は避暑地《ひしょち》で過《す》ごした。

都心《としん》に比《くら》べ、涼《すず》しくて居心地《いごこち》はよかったが、あまり面白《おもしろ》みはなく、連《れん》日《じつ》のようにお父《とう》さんとお母《かあ》さんと、買《か》い物《もの》をしたり、プールに出《で》かけたりしていた。

「近《ちか》くに遊園地《ゆうえんち》があるらしいぞ」

とお父《とう》さんが言《い》い出《だ》して、行《い》ってみることになったのも、そんな事情《じじょう》があったからだ。

(どうせ田舎《いなか》の遊園地《ゆうえんち》だから怖《こわ》い乗《の》りものはないだろう)

と、あなどっていた晶《あきら》くんだったが、いざ入園《にゅうえん》して絶句《ぜっく》した。

ジェットコースターなどの絶叫《ぜっきょう》マシーンがいくつもあり、どれもしっかりと怖《こわ》そうで、多《おお》くのお客《きゃく》さんでにぎわっていたからだ。

「来《く》るんじゃなかった……」

晶《あきら》くんはつぶやいた。晶《あきら》くんは絶《ぜっ》叫《きょう》マシーンが苦手《にがて》なのだ。

「懐《なつ》かしい！ 晶《あきら》、メリーゴーランドがあるよ」

とお母《かあ》さんに促《うなが》されたが、晶《あきら》くんはメリーゴーランドですら怖《こわ》かった。だがメリーゴーランドを見《み》ると、明《あき》らかに子《こ》ども向《む》けのもののようだ。

「乗《の》ってやってもいいけど……」

と、まずは家族《かぞく》3人《にん》でメリーゴーランドに乗《の》ることになった。

ヒステリックな叫《さけ》び声《ごえ》

「何十年《なんじゅうねん》ぶりかしら」

「わりとスピードが出《で》ないんだな」

と、青《あお》とピンクの馬《うま》に乗《の》った、お父《とう》さんとお母《かあ》さんは楽《たの》しそうだ。

白《しろ》い馬《うま》に乗《の》った晶《あきら》くんは、ビクビクして馬《うま》の首《くび》にしがみついていた。

メリーゴーランドのスピード自体《じたい》はゆっくりだ。しかし、馬《うま》の上下《じょうげ》の動《うご》きも激《はげ》しくない。しかし、どこからか、

「ワー」

だとか、

「キャー」

という声《こえ》が聞《き》こえてきた。どう考《かんが》えても、このメリーゴーランド周辺《しゅうへん》からだ。しかし、辺《あた》りを見回《みまわ》しても、晶《あきら》くん一家《いっか》しかいない。

（盛《も》り上《あ》げるためのBGMかな）

と思《おも》ったが、それにしては絶叫《ぜっきょう》がヒステリックだ。しかも、晶《あきら》くんの耳元《みみもと》で叫《さけ》んでいるような気《き》がする。

お父《とう》さんとお母《かあ》さんを見《み》ると、キャッキャと楽《たの》しそうだ。

メリーゴーランドが止《と》まると、

「もう一回《いっかい》乗《の》ってみる？」

とお母《かあ》さんに聞《き》かれたが、晶《あきら》くんはその気《き》になれなかった。それどころか、遊園地自体《ゆうえんちじたい》を楽《たの》しむ気《き》もなくなっていた。

馬乗《うまの》りになる子《こ》どもたち

その日《ひ》の夜《よる》だ。

疲《つか》れていたのか、晶《あきら》くんはすぐに眠《ねむ》り込《こ》んでしまった。しかし深夜《しんや》、奇妙《きみょう》な気配《けはい》を感《かん》じたかと思《おも》うと、突然《とつぜん》、金縛《かなしば》りにあった。

体《からだ》がビリビリして手足《てあし》を動《うご》かそうとしても、全《まった》く動《うご》かない。大声《おおごえ》を出《だ》そうとしても、口《くち》から空気《くうき》すらもれない。

「た……す……け……て……」

と何度《なんど》も言《い》おうとしたその時《とき》、胸《むね》のあたりに、ドシンと重《おも》いものが乗《の》った気《き》がした。見《み》ると、同《おな》い年《どし》くらいの男《おとこ》の子《こ》だった。

「アハハハ、アハハハハ」

と笑《わら》いながら、お腹《なか》の上《うえ》にも、足《あし》の上《うえ》にも、次々《つぎつぎ》に子《こ》どもたちが乗《の》っかってくるのを感《かん》じた。

（やめて、やめて、助《たす》けて……）

と思《おも》っているうちに、気付《きづ》いたら朝《あさ》になっていた。

晶《あきら》くんがこの話《はなし》をすると、お母《かあ》さんがいろいろと調《しら》べてくれた。

すると、あの遊園地《ゆうえんち》のメリーゴーランドで、数十年前《すうじゅうねんまえ》に大事故《だいじこ》があり、何人《なんにん》もの子《こ》どもが亡《な》くなったということだった。

ひょっとしたら晶《あきら》くんがメリーゴーランドで聞《き》いた叫《さけ》び声《ごえ》は、亡《な》くなった子《こ》どもたちの霊《れい》が聞《き》かせたものだったのかもしれない。

本《ほん》当《とう》は怖《こわ》い 交差点《こうさてん》

道路《どうろ》と道路《どうろ》が交差《こうさ》する交差点《こうさてん》は、多《おお》くの人《ひと》や車《くるま》が行《ゆ》き交《か》います。
しかし交差点《こうさてん》によっては、"この世《よ》"と"あの世《よ》"が
クロスする場所《ばしょ》でもあるかもしれません。

交通事故《こうつうじこ》の記憶《きおく》

これは、志保《しほ》さんの姉《あね》のちかこさんが体験《たいけん》した話《はなし》だ。

ちかこさんは今年《ことし》、中学《ちゅうがく》3年生《ねんせい》になる。高校受験《こうこうじゅけん》を控《ひか》えていることもあり、週《しゅう》に2回《かい》、夜遅《よるおそ》くまで塾《じゅく》で勉強《べんきょう》をしている。

夜《よる》22時《じ》を過《す》ぎることもザラだが、家《いえ》から塾《じゅく》まで自転車《じてんしゃ》で15分程度《ふんていど》しかかからないこともあり、ひとりで通《かよ》っている。

この通学路《つうがくろ》で、ちかこさんは、ある恐《おそ》ろしい体験《たいけん》をした。

志保《しほ》さんとちかこさんが住《す》むマンションから100mほど離《はな》れた場所《ばしょ》に、山《やま》の中《なか》の老人《ろうじん》ホームにつながる道《みち》と、国道《こくどう》が交差《こうさ》する十字路《じゅうじろ》がある。

そこには音《おと》の出《で》る信号《しんごう》が設置《せっち》されている。

この交差点《こうさてん》は、日中《にっちゅう》は多《おお》くの車《くるま》が行《ゆ》き交《か》うが、老人《ろうじん》ホームの面会時間《めんかいじかん》が終《お》わる21時《じ》も過《す》ぎるとガクンと交《こう》通量《つうりょう》が少《すく》なくなる。

ちかこさんが塾《じゅく》から自宅《じたく》に帰《かえ》る頃《ころ》の時間帯《じかんたい》は、車《くるま》とすれ違《ちが》うことはほとんどない。

そのため、ちかこさんは信号《しんごう》を無《む》視《し》することが多《おお》かった。

もちろん、信号無視《しんごうむし》はいけないことだ。ちかこさんはお母《かあ》さんから、

「危《あぶ》ないから、信号《しんごう》は守《まも》りなさいよ。夜《よる》は何《なに》があるか分《わ》からないんだから」

とキツく言《い》われているが、ちかこ

さんは、

「だって、早《はや》く帰《かえ》りたいんだもん」

「変質者《へんしつしゃ》がいるかもしれないし、スピードを出《だ》さないほうが危《あぶ》ないよ」

と道路《どうろ》を車《くるま》が通《とお》っていないことを確認《かくにん》すると、横断歩道《おうだんほどう》でなくても平気《へいき》で横断《おうだん》していた。

しかし、ある怪奇事件《かいきじけん》をさかいに、ちかこさんは交通《こうつう》ルールをきちんと守《まも》るようになった。

信号《しんごう》を待《ま》つ女性《じょせい》

ある夜《よる》。塾《じゅく》から家《いえ》に帰《かえ》ろうと、いつも通《どお》り自転車《じてんしゃ》を運転《うんてん》していたちかこさんは、交差点《こうさてん》の信号機《しんごうき》の下《した》に、若《わか》い女性《じょせい》が立《た》っていることに気付《きづ》いた。

歩行者側《ほこうしゃがわ》の信号《しんごう》を見《み》ると、青《あお》だ。

（なんで渡《わた》らないんだろう。タクシーでも待《ま》ってるのかな。この道《みち》、タクシーとか通《とお》らないんだけど、知《し》ってるのかな）

ちかこさんは普段《ふだん》なら、この交差点《こうさてん》に到達《とうたつ》する前《まえ》に、自転車《じてんしゃ》でスーッと道路《どうろ》を横切《よこぎ》ってしまう。

しかしその時《とき》は、女性《じょせい》がどんな人《ひと》か気《き》になった。

（ひと言《こと》言《い》ったほうがいいかな）

と、ちかこさんが信号機《しんごうき》の近《ちか》くまで来《き》たところで、歩道《ほどう》の信号《しんごう》が赤《あか》に変《か》わった。

よくよく見《み》ると、女性《じょせい》は真夏《まなつ》なのにコートを着用《ちゃくよう》し、冬用《ふゆよう》のブーツをはいていた。もちろん、知《し》らない人《ひと》だった。

女性《じょせい》は黙《だま》って下《した》を向《む》いていたが、

ちかこさんが女性《じょせい》のそばで自転車《じてんしゃ》のブレーキをかけた瞬間《しゅんかん》、

「くっ、くっ」

という声《こえ》を出《だ》した。

(泣《な》いてる?……それとも……笑《わら》ってる?)

女性《じょせい》は、さらに
「くっ、くっ、くっ、くっ」

という声《こえ》を立《た》てた。

ちかこさんは、急《きゅう》に怖《こわ》くなり、女《じょ》性《せい》に興味《きょうみ》を持《も》ったことを後悔《こうかい》した。その場《ば》から逃《に》げ出《だ》したくてたまらなかった。

目《め》の前《まえ》の事故《じこ》

ちかこさんが、

(早《はや》く青信号《あおしんごう》になれー)

と念《ねん》じていると、信号《しんごう》が青《あお》に変《か》わる前《まえ》に、急《きゅう》に女性《じょせい》が道路《どうろ》の向《む》こう側《がわ》へ走《はし》り出《だ》した。

(えっ?)

驚《おどろ》くちかこさんをよそに、突然暗《とつぜんくら》闇《やみ》の中《なか》からトラックが現《あらわ》れ、横断歩《おうだんほ》道《どう》の女性《じょせい》に突《つ》っ込《こ》んでいった。

「ドーン」

大《おお》きな音《おと》がした。

(交通事故《こうつうじこ》だ! どうしよう、どうしよう)

とりあえずお母《かあ》さんに携帯電話《けいたいでんわ》で相談《そうだん》しようと、ちかこさんは自転車《じてんしゃ》カゴのカバンをガサゴソあさった。

「あった!」

携帯電話《けいたいでんわ》を握《にぎ》りしめ道路《どうろ》を見《み》ると、トラックも女性《じょせい》も消《き》えていた。

信号《しんごう》が青《あお》に変《か》わった。しかし、いつもと音《おと》が違《ちが》う。

普段《ふだん》はここの信号機《しんごうき》は、青《あお》になると「ピヨピヨ」と鳥《とり》の鳴《な》き声《ごえ》のような音《おと》を出《だ》す。しかし、今鳴《いまな》っているのは「グォーングォーン」というようなチューニングが狂《くる》ったような気持《きも》ちの悪《わる》い音《おと》だ。

(何《なに》これ)

ちかこさんはこの交差点《こうさてん》の横断歩道《おうだんほどう》を渡《わた》るのが怖《こわ》くなり、元来《もとき》た道《みち》を戻《もど》り、遠回《とおまわ》りをして家《いえ》に帰《かえ》った。

背後《はいご》ではいつまでも「グォーングォーン」という音《おと》が鳴《な》り響《ひび》いていた。

枯《か》れた花束《はなたば》

ちかこさんが、

「あれは絶対《ぜったい》に幽霊《ゆうれい》よ。二度《にど》と、あの交差点《こうさてん》には近《ちか》づきたくない」

と、あまりにも言《い》うので、志保《しほ》さんは学校帰《がっこうがえ》り、友《とも》だちとその交差点《こうさてん》に立《た》ち寄ってみた。

志保《しほ》さんが通《とお》りかかる頃《ころ》、ちょうど信号《しんごう》は青《あお》に変《か》わったところで、「ピヨピヨ」と、かわいらしい音《おと》がなっていた。

「なんだ、別《べつ》にふつうじゃん」

と、信号機《しんごうき》に目《め》をやると、下《した》のほうに枯《か》れた花束《はなたば》がくくりつけられていた。

「ここで人《ひと》が亡《な》くなってるっていうこと？」

志保《しほ》さんたちも急《きゅう》に怖《こわ》くなり、その場《ば》から逃《に》げた。

お母《かあ》さんに報告《ほうこく》すると、

「お母《かあ》さんも気《き》になって調《しら》べてみたら、何年《なんねん》も前《まえ》にその交差点《こうさてん》で、若《わか》い女性《じょせい》がひき逃《に》げ事件《じけん》にあって亡《な》くなってたんですって」

と教《おし》えてくれた。

ちかこさんはこの出来事《できごと》があってから、夜遅《よるおそ》くなる時《とき》は、遠回《とおまわ》りをして帰《かえ》ってくるようになった。もちろん、交通《こうつう》ルールはしっかりと守《まも》っているのだという。

魔《ま》の交差点《こうさてん》

敏則《としのり》くんの家《いえ》の近所《きんじょ》には、

「魔《ま》の交差点《こうさてん》」

と呼《よ》ばれる場所《ばしょ》がある。

この場所《ばしょ》では、これまでに何件《なんけん》も交通事故《こうつうじこ》が起《お》きていて、何人《なんにん》もの人《ひと》が亡《な》くなっていた。

敏則《としのり》くんが知《し》る限《かぎ》りでも、大型《おおがた》トラックと自家用車《じかようしゃ》が衝突《しょうとつ》し、4人家《にんか》族全員《ぞくぜんいん》が亡《な》くなるという事故《じこ》など、3件《けん》はある。

となると、当然《とうぜん》のように出《で》るのが

「幽霊《ゆうれい》が出《で》る」

というたぐいのウワサだ。

しかし、このような心霊《しんれい》スポットで、

「若《わか》い女性《じょせい》が泣《な》いていた」

などと騒《さわ》ぎ立《た》てるのはたいがい若《わか》者《もの》だ。大人《おとな》は、

「このような坂道《さかみち》がゆるやかな道《みち》では、まっすぐな道《みち》を走《はし》っているつもりでついスピードを出《だ》してしまう。特《とく》に夜《よる》は、突然《とつぜん》カーブと交差点《こうさてん》が現《あらわ》れるように見《み》える。そのため、車同《くるまどう》士《し》が衝突《しょうとつ》してしまいやすいのだ」

と〝心霊現象《しんれいげんしょう》のせいではない〟と言《い》っている。

事故防止《じこぼうし》のため、注意《ちゅうい》を促《うなが》す看板《かんばん》も立《た》てかけられた。しかし事故《じこ》は、その後《ご》もなくならない。

実《じつ》は敏則《としのり》くんも、事故《じこ》が起《お》こるのは、道《みち》のつくりとは別《べつ》の原因《げんいん》があると思《おも》っている。

そして、この交差点《こうさてん》には近《ちか》づかないようにしている。

というのも、あるものを見《み》てしまったからだ。

謎《なぞ》の男《おとこ》の子《こ》

それはある夏《なつ》の雨《あめ》の日《ひ》。

敏則《としのり》くんは、

「牛乳《ぎゅうにゅう》を買《か》い忘《わす》れたから、コンビニで買《か》ってきて」

とお母《かあ》さんに頼《たの》まれ、おつかいに出《で》た。

その帰《かえ》り道《みち》、敏則《としのり》くんがお駄賃《だちん》がわりに買《か》った付録《ふろく》付《つ》きお菓子《かし》の付録《ふろく》を開《あ》けながら歩《ある》いていると、〝魔《ま》の交《こう》差点《さてん》〟のところに、4～5歳《さい》の小《ちい》さな男《おとこ》の子《こ》がいることに気《き》がついた。

時刻《じこく》はまだ18時《じ》だったが、空《そら》はどんよりしていて、辺《あた》りは暗《くら》くなり始《はじ》めていた。

男《おとこ》の子《こ》は雨《あめ》がザーザーと降《ふ》っているのに傘《かさ》もさしていなかった。

(どこの子《こ》だろう。近所《きんじょ》の子《こ》かな。お母《かあ》さんとか近《ちか》くにいなくて大丈夫《だいじょうぶ》なのかな)

と敏則《としのり》くんがぼんやり歩《ある》きながら、魔《ま》の交差点《こうさてん》に近《ちか》づいたときのことだ。

なんと、車《くるま》が猛《もう》スピードで、歩道《ほどう》の敏則《としのり》くんに向《む》かって突進《とっしん》してくるではないか。

「ヤバい！」

敏則《としのり》くんは、その場《ば》で腰《こし》を抜《ぬ》かしてしまった。車《くるま》は歩道《ほどう》スレスレで、キキーッと向《む》きを変《か》え、そのまま通《とお》り過《す》ぎていった。

死《し》を呼《よ》ぶ手招《てまね》き

「助《たす》かった」

ほっとした敏則《としのり》くんだったが、目《め》の前《まえ》のあるものを見《み》て、恐怖《きょうふ》のあまり固《かた》まった。

魔《ま》の交差点《こうさてん》にいた、小《ちい》さい男《おとこ》の子《こ》が、「おいでおいで」と敏則《としのり》くんに向《む》かって手招《てまね》きをしていたのだ。

敏則《としのり》くんはとっさに、男《おとこ》の子《こ》を〝幽霊《ゆうれい》だ〟と思《おも》った。

（ひょっとしてあの子《こ》、『あっち』の世界《せかい》に、ぼくを呼《よ》び込《こ》もうとしている？）

男《おとこ》の子《こ》は敏則《としのり》くんの恐怖《きょうふ》に満《み》ちた視線《しせん》に気付《きづ》いたのか、手招《てまね》きをやめた。そして、

「バレた？」

と、ニッと笑《わら》ってから、すーっと消《き》えた。

本当《ほんとう》は怖《こわ》い墓地《ぼち》

墓地《ぼち》とは、本来《ほんらい》は死《し》んだ人《ひと》の霊魂《れいこん》が静《しず》かに眠《ねむ》る場所《ばしょ》です。
しかし、なかなか“眠《ねむ》りにつけない”、
恐《おそ》ろしく、かわいそうな霊《れい》もいるようです。

墓地《ぼち》のそばに立《た》つ女性《じょせい》

東京《とうきょう》の青山墓地《あおやまぼち》の近《ちか》くには、「！」と書《か》かれた交通標識《こうつうひょうしき》があるというウワサがある。

「！」というのは、〝何《なん》だかよく分《わ》からないものが出没《しゅつぼつ》するので注意《ちゅうい》〟という意味《いみ》で、「幽霊《ゆうれい》を指《さ》すんじゃないか」と、まことしやかにささやかれている。

事実《じじつ》、青山墓地《あおやまぼち》は都内《とない》でも有数《ゆうすう》の心霊《しんれい》スポットだ。歴史上《れきしじょう》の人物《じんぶつ》や地元《じもと》の名士《めいし》が多《おお》く眠《ねむ》る、高級感《こうきゅうかん》あふれる落《お》ち着《つ》いた場所《ばしょ》なのだが、「青山墓地《あおやまぼち》の近《ちか》くで幽霊《ゆうれい》を乗《の》せた」というタクシードライバーは多《おお》く、「青山墓地《あおやまぼち》」と聞《き》くと、警戒《けいかい》する人《ひと》は少《すく》なくない。

七瀬《ななせ》さんの家《いえ》の近《ちか》くにも、幽霊《ゆうれい》が出《で》ることで有名《ゆうめい》な墓地《ぼち》がある。その墓地《ぼち》は、七瀬《ななせ》さんが住《す》む地区《ちく》と駅《えき》のある市《し》の中心部《ちゅうしんぶ》をつなぐ、一本道《いっぽんみち》に沿《そ》って広《ひろ》がっている。

七瀬《ななせ》さんのお母《かあ》さんのかずえさんも、ここで幽霊《ゆうれい》を目撃《もくげき》している。

失礼《しつれい》な乗客《じょうきゃく》

かずえさんが七瀬《ななせ》さんのお父《とう》さんと結婚《けっこん》したばかりの頃《ころ》、友《とも》だちとの約束《やくそく》で、車《くるま》で駅《えき》へ向《む》かっていた時《とき》のことだった。ちょうど梅雨時《つゆどき》で、数日前《すうじつまえ》から雨《あめ》がしとしとと降《ふ》っていた。

にもかかわらず、かずえさんが墓地《ぼち》の辺《あた》りを通《とお》りかかった時《とき》、傘《かさ》もささずに歩《ある》く、ひとりの女性《じょせい》が目《め》についた。

かずえさんは一瞬《いっしゅん》悩《なや》んだが、民家《みんか》がある場所《ばしょ》までは距離《きょり》がある。そこで女性《じょせい》のそばで車《くるま》を止《と》めて、

「どうされました？ 駅《えき》まで行《い》くんですが、途中《とちゅう》まで乗《の》って行《い》きますか？」

と声《こえ》をかけた。

すると女性《じょせい》は、下《した》を向《む》いたまま、かずえさんの車《くるま》の後部座席《こうぶざせき》のドアのノブに勝手《かって》に手《て》をかけて開《あ》けた。

「ずいぶん、失礼《しつれい》ですね」

と、かずえさんが怒《おこ》る間《ま》もなく車《くるま》に乗《の》り込《こ》んできた。

(ずぶぬれなのに、ふきもせずにそのまま座席《ざせき》に座《すわ》る？)

イヤだなあと思《おも》ったが、自分《じぶん》が声《こえ》をかけたのだから仕方《しかた》ない。

無言《むごん》のまま車《くるま》を走《はし》らせていると、バックミラー越《ご》しに女性《じょせい》が道路脇《どうろわき》の病院《びょういん》を指差《ゆびさ》しているのが見《み》えた。

(病院《びょういん》に行《い》きたいのかな)

かずえさんが車《くるま》のスピードを落《お》とすと、女性《じょせい》は車《くるま》の窓《まど》ガラスを叩《たた》いた。かずえさんは車《くるま》を止《と》め、

「ここですか？」

と女性《じょせい》に声《こえ》をかけた。女性《じょせい》はだまって降《お》りた。

なぜ、乗《の》せてくれないの？

駅《えき》に到着《とうちゃく》したかずえさんは、友《とも》だちを助手席《じょしゅせき》に乗《の》せた。そして、

「もう、最悪《さいあく》なことがあってさ」

と、さっき起《お》きたことをマシンガンのような早《はや》さで語《かた》って聞《き》かせた。

「ずぶぬれの体《からだ》をふきもせず、勝手《かって》

に後《うし》ろの座席《ざせき》に座《すわ》ったのよ。この車《くるま》、買《か》ったばかりなのに。後部座席《こうぶざせき》ぬれてるでしょ?」

と、友《とも》だちに聞《き》くと、後部座席《こうぶざせき》を見《み》た友《とも》だちが、

「そんなことないよ」

ときょとんとして言《い》った。

実際《じっさい》、座席《ざせき》はどこもぬれていなかった。雨《あめ》の中《なか》、山道《やまみち》を歩《ある》いてきて、すぶぬれのまま乗《の》り込《こ》んできたはずなのに、後部座席《こうぶざせき》の足下《あしもと》も、全《まった》くぬれても汚《よご》れてもいなかった。

その後一度《ごいちど》だけ、かずえさんはひとりでこの道《みち》を車《くるま》で通《とお》ったことがある。すると、また墓地《ぼち》のすぐそばであの女性《じょせい》が立《た》つ姿《すがた》を発見《はっけん》した。

気持《きも》ち悪《わる》くなったかずえさんは、見《み》て見《み》ぬふりをした。すると、車《くるま》の中《なか》に、あの女性《じょせい》らしき声《こえ》が聞《き》こえてきたのだそうだ。

「この前《まえ》は、乗《の》せてくれたくせに」

今《いま》、かずえさんは、この道《みち》を車《くるま》で通《とお》る時《とき》は必《かなら》ず誰《だれ》かを乗《の》せるようにしている。

白《しろ》いワンピースの誘《さそ》い人《びと》

航平《こうへい》くんは小学《しょうがく》4年生《ねんせい》だ。なのにこの年《とし》ですでに、

「今後《こんご》、お墓参《はかまい》りには行《い》かない」

と、心《こころ》に決《き》めている。

航平《こうへい》くんの家《いえ》のお墓《はか》は、近所《きんじょ》のお寺《てら》の敷地内《しきちない》にある。

お寺《てら》にはひいおじいちゃんの代《だい》からお世話《せわ》になっていて、1カ月前《げつまえ》におばあちゃんを亡《な》くしたときも、この墓地《ぼち》を訪《おとず》れた。

その時《とき》に見《み》かけた老女《ろうじょ》が、航平《こうへい》くんは気《き》になって仕方《しかた》がなかった。

というのも、航平《こうへい》くんは何度《なんど》かその老女《ろうじょ》を見《み》かけているからだ。

その年《とし》の春《はる》のお彼岸《ひがん》の時《とき》もそうだ。3月下旬《がつげじゅん》とはいえ、まだまだ肌寒《はだざむ》く、日差《ひざ》しの弱《よわ》い日《ひ》だった。にもかかわらず、老女《ろうじょ》は白《しろ》いワンピース姿《すがた》で、日傘《ひがさ》をしっかりと握《にぎ》っていた。

誰《だれ》かのお墓《はか》を掃除《そうじ》するわけでも、お線香《せんこう》をあげるわけでも、誰《だれ》かを待《ま》っているわけでもない。

ただ、お墓参《はかまい》りに訪《おとず》れた人《ひと》たちを見《み》つめ、ニコニコと笑《わら》っていた。

その人《ひと》が、全《まった》く同《おな》じ格好《かっこう》で、墓地《ぼち》の中央《ちゅうおう》に立《た》っていたのだ。気《き》にならないほうがおかしいだろう。

さてこの老女《ろうじょ》だが、なんと航平《こうへい》くんのおばあちゃんの49日《にち》の法要《ほうよう》の時《とき》にも墓地《ぼち》にいた。

あんたがおいで

「暇《ひま》なのかな」

航平《こうへい》くんは、老女《ろうじょ》がいつ行《い》っても、同《おな》じ場所《ばしょ》にいることが、とにかく不《ふ》思議《しぎ》だった。

ちらっ、ちらっと見《み》ているうちに、老女《ろうじょ》と目《め》があった気《き》がした。

そうしているうちに、航平《こうへい》くんは親《しん》せきたちから少《すこ》し離《はな》れて、ひとりになってしまった。

「やばい」

親《しん》せきたちを追《お》いかけようとしたその時《とき》、老女《ろうじょ》がニコニコ笑《わら》いながら、すすすーっと航平《こうへい》くんのところに近《ちか》づいてきた。

航平《こうへい》くんがその場《ば》で硬直《こうちょく》している

と、老女《ろうじょ》はニコニコと笑《わら》い、顔《かお》を航《こう》平《へい》くんに近《ちか》づけると、耳打《みみう》ちをしてきた。

「次《つぎ》は、誰《だれ》だったらここに来《く》るの？」

と聞《き》いてきた。やけに親《した》しげで、ひびく声《こえ》だった。

何故《なぜ》か、この言葉《ことば》だけで、瞬間的《しゅんかんてき》に航平《こうへい》くんは、自分《じぶん》の親《しん》せきの誰《だれ》かが、この老女《ろうじょ》に殺《ころ》されるかもしれないと思《おも》った。

「どういう意味《いみ》ですか？　やめてください」

つい、強《つよ》い口調《くちょう》で言《い》ってしまった。

すると老女《ろうじょ》は、声《こえ》のトーンを下《さ》げて、恐《おそ》ろしい声《こえ》で
「じゃあ、あんたが来《く》るといい」

と言《い》い、そのまま、すうっと消《き》えてしまった。

（ひょっとして、幽霊《ゆうれい》？）

航平《こうへい》くんは叫《さけ》び声《こえ》をあげ、その場《ば》から親《しん》せきのところへダッシュして逃《に》げた。

今《いま》のところ、航平《こうへい》くんはピンピンしている。親《しん》せきから、誰《だれ》かが病気《びょうき》やケガをしたという報告《ほうこく》もない。

でも、秋《あき》のお彼岸《ひがん》のお墓参《はかまい》りには絶対《ぜったい》に行《い》かないと決《き》めている。

〝次《つぎ》、老女《ろうじょ》に会《あ》ったら〟と考《かんが》えると、恐《おそ》ろしくてたまらないからだ。

ちなみにこの老女《ろうじょ》だが、彼女《かのじょ》がいた場所《ばしょ》や、その特徴《とくちょう》を家族《かぞく》に話《はな》しても、誰《だれ》も、

「そんな人《ひと》いなかったよ」

と首《くび》をかしげるのだそうだ。

うらやましかった幼《おさな》なじみ

これは、瞳《ひとみ》さんがおばあちゃんから聞《き》いた話《はなし》だ。

昔《むかし》、瞳《ひとみ》さんのおばあちゃんの田舎《いなか》では、人《ひと》が死《し》ぬと土葬《どそう》にしていたという。

それも、死体《したい》を墓地《ぼち》の土《つち》の中《なか》に直《ちょく》接《せつ》埋《う》めるというもので、49日《にち》が過《す》ぎると、その上《うえ》にその人《ひと》の名前《なまえ》を彫《ほ》った墓石《ぼせき》を置《お》いていた。

「この方法《ほうほう》だと、人《ひと》が死《し》んだのがより実感《じっかん》できた」

とおばあちゃんは言《い》う。

というのも、人《ひと》が亡《な》くなったばかりの頃《ころ》は、土《つち》がこんもりと盛《も》り上《あ》がっているのだそうだ。

それが、日《ひ》がたつにつれて、どんどん盛《も》り上《あ》がりが低《ひく》くなっていく。

そしてちょうど49日《にち》のころ、ボコッと土《つち》がへっこむのだそうだ。

そのため、おばあちゃんはそうなって初《はじ》めて、

(ああこの人《ひと》は、やっと天国《てんごく》に行《い》ったんだな)

と思《おも》っていたのだそうだ。

しかし、この埋葬方法《まいそうほうほう》だった頃《ころ》、おばあちゃんはとても怖《こわ》い思《おも》いをしたこともあるという。

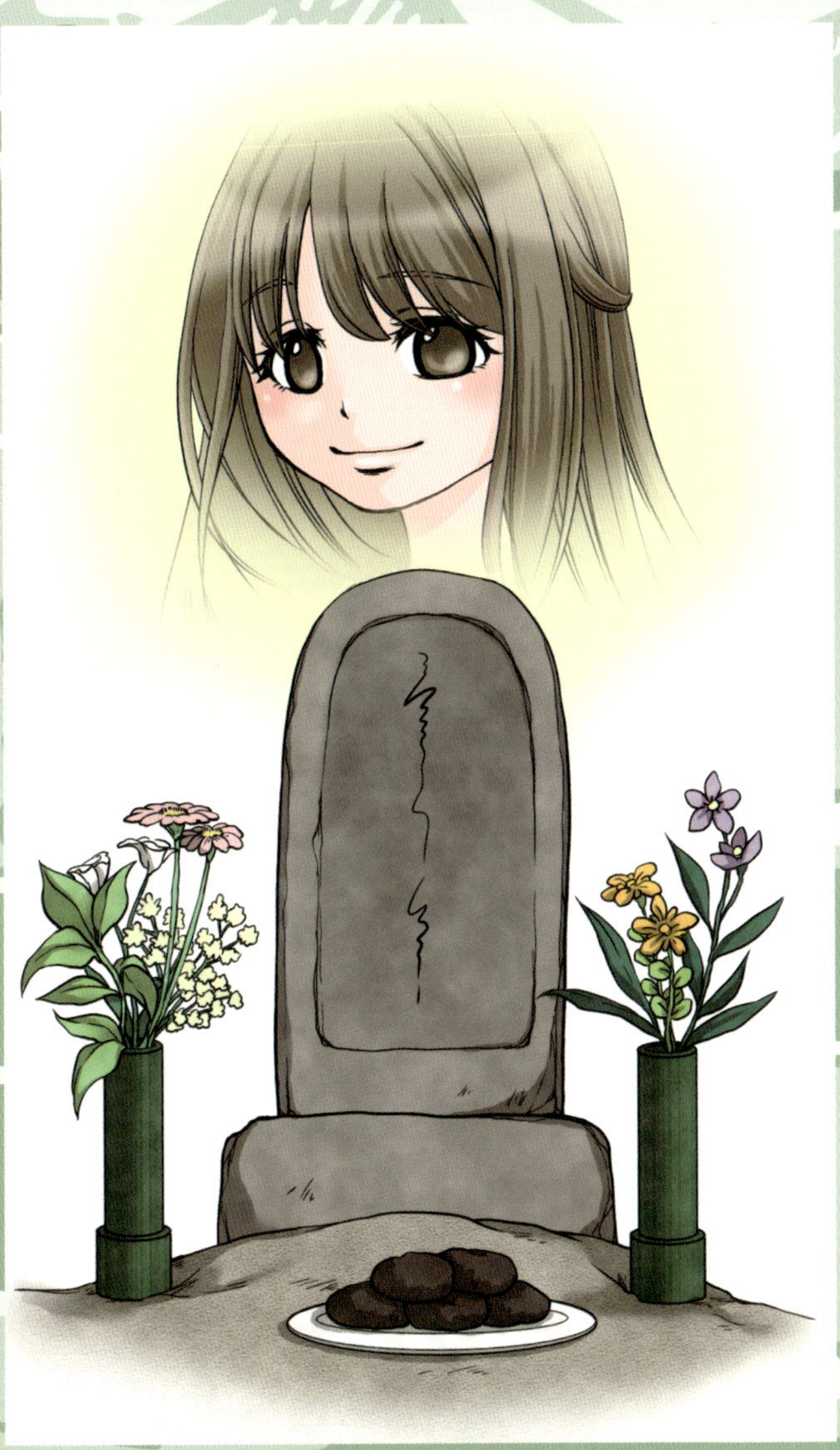

死《し》んでしまった幼《おさな》なじみ

おばあちゃんが小学《しょうがく》5年生《ねんせい》の時《とき》、幼《おさな》なじみのキクコちゃんが、川《かわ》で溺《おぼ》れて死《し》んでしまった。

川底《かわぞこ》で足《あし》を滑《すべ》らせ、あっという間《ま》に流《なが》されてしまった。

キクコちゃんはまだ10歳《さい》で、頭《あたま》がよくて、誰《だれ》にでもやさしくて、美《び》少《しょう》女《じょ》と評判《ひょうばん》で、それはそれは多《おお》くの人《ひと》がその死《し》を嘆《なげ》き悲《かな》しんだ。

そのため、キクコちゃんの家《いえ》のお墓《はか》のキクコちゃんが埋《う》められた場所《ばしょ》には、毎日《まいにち》のように新《あたら》しい花束《はなたば》や、美味《おい》しそうなお菓子《かし》を誰《だれ》かしらが供《そな》えていた。

おばあちゃんは、それがうらやましくて仕方《しかた》がなかった。

キクコちゃんが亡《な》くなってからというもの、おばあちゃんの友《とも》だちは、口々《くちぐち》に、

「放課後《ほうかご》キクコちゃんのお墓《はか》にお参《まい》りに行《い》かない?」

と誘《さそ》ってきた。おばあちゃんのお母《かあ》さんも、口癖《くちぐせ》のように

「あんなかわいい子《こ》がねえ」

と、くり返《かえ》しくり返《かえ》し、おばあちゃんに向《む》かって言《い》っていた。

（もう勉強《べんきょう》も運動《うんどう》もしなくていいし、みんなに好《す》かれたまま、かわいらしい姿《すがた》のまま、死《し》ねてよかったじゃない）

おばあちゃんは、キクコちゃんが少《すこ》し、ねたましかった。

うらやましくなんかない

そうしているうちに、おばあちゃんは夢《ゆめ》を見《み》た。

おばあちゃんが、何度目《なんどめ》かの
（キクコちゃんはいいなあ）

と思《おも》っていると、

「だったら代《か》わってあげようか?…」

と背後《はいご》から声《こえ》がした。振《ふ》り向《む》くと、なんとキクコちゃんがいた。

「私《わたし》のお墓《はか》まで来《き》てよ。代《か》わってあげるから」

ニコニコと話《はな》すキクコちゃんの目《め》は笑《わら》っていなかった。おばあちゃんは怖《こわ》くなって、

「ごめんね、キクコちゃん、違《ちが》うの。もううらやましがらないようにする。ごめんね」

と何度《なんど》も何度《なんど》もキクコちゃんにあやまった。

するとキクコちゃんは、

「ううん。いいの。私《わたし》もあなたと代《か》わってほしかったの」

と、さらにニコニコと微笑《ほほえ》んだ。

それからしばらくして、キクコちゃんに関《かん》するウワサが流《なが》れた。

キクコちゃんのお母《かあ》さんが、お墓《はか》参《まい》りに行《い》った時《とき》、キクコちゃんを埋《う》めた辺《あた》りから、何《なに》かがにょきっと出《で》ているのが見《み》えた。

「何《なに》かしら?」

キクコちゃんのお母《かあ》さんは、ソレをまじまじと見《み》ると、悲鳴《ひめい》をあげた。

なんとそれは、死《し》んだキクコちゃんの指《ゆび》だったからだ。

驚《おどろ》いたお母《かあ》さんがキクコちゃんの死体《したい》を掘《ほ》り起《お》こすと、まるで地面《じめん》から這《は》い出《で》ようとするかのように、両《りょう》手《て》を地表《ちひょう》に向《む》かって伸《の》ばしていたという。

「キクコちゃんは、本当《ほんとう》に私《わたし》と代《か》わろうとしていたのかも」

瞳《ひとみ》さんのおばあちゃんは言《い》う。

現在《げんざい》は、おばあちゃんの田舎《いなか》でも火葬《かそう》が一般的《いっぱんてき》だ。それでも、おばあちゃんはキクコちゃんのことを思《おも》い出《だ》すと、おばあちゃんの田舎《いなか》とお墓《はか》には、あまり行《い》きたくないのだという。

本当《ほんとう》は怖《こわ》い川《かわ》

古《ふる》くから、人《ひと》は川《かわ》の周辺《しゅうへん》で文化《ぶんか》を築《きず》いてきた反面《はんめん》、
川《かわ》によって生活《せいかつ》を脅《おびや》かされてきました。
そのためか、川《かわ》にまつわる怖《こわ》いウワサは少《すく》なくありません。

川《かわ》そばの死体《したい》

浩太郎《こうたろう》くんのお父《とう》さんの趣味《しゅみ》は、フライフィッシングだ。フライフィッシングとは、釣《つ》りの種類《しゅるい》のひとつで、お父《とう》さんは主《おも》に渓流《けいりゅう》でイワナやヤマメなどの魚《さかな》を狙《ねら》っている。

長《なが》い釣《つ》り糸《いと》の先《さき》には、毛針《けばり》と呼《よ》ばれる、カゲロウという虫《むし》に見《み》せかけたニセモノのエサがついていて、〝いかに、魚《さかな》をだますか〟もフライフィッシングの醍醐味《だいごみ》だそうだ。

お父《とう》さんは、

「男《おとこ》の子《こ》が生《う》まれたら、絶対《ぜったい》にフライフィッシングをさせる」

と強《つよ》く思《おも》っていたそうで、当然《とうぜん》のように、浩太郎《こうたろう》くんも5歳《さい》になってからは、たまに釣《つ》りに付《つ》き合《あ》わされていた。

さてこのフライフィッシングだが、渓流釣《けいりゅうづ》りと呼《よ》ばれるだけあって、漁場《ぎょじょう》はだいたい、深《ふか》い山《やま》の中《なか》にある川《かわ》の上流《じょうりゅう》だ。

そんなこともあって、浩太郎《こうたろう》くんのお父《とう》さんは何度《なんど》も〝死体《したい》〟を発見《はっけん》している。あまりにも見《み》つけているので、

「霊感《れいかん》があるんじゃないの？」

と周《まわ》りの人《ひと》に恐《おそ》れられているようだが、

「だいたい、あんな山《やま》の中《なか》に行《い》くのがオレぐらいなんだよ。見《み》つけて当然《とうぜん》なんだよ」

とお父《とう》さんはぶつくさ言《い》う。

浩太郎《こうたろう》くんもお父《とう》さんと死体《したい》を発見《はっけん》したことがある。

呼《よ》び止《と》める声《こえ》

その朝《あさ》は、春《はる》の深《ふか》い霧《きり》が立《た》ちこめていた。肌寒《はださむ》くもあり、車《くるま》を降《お》りた瞬間《しゅんかん》、浩太郎《こうたろう》くんは

（イヤだなあ）

と正直《しょうじき》、思《おも》ったが、久《ひさ》しぶりの釣《つ》りにお父《とう》さんがノリノリで、

「イヤだ」

と言《い》い出《だ》すことができなかった。

お父《とう》さんがお気《き》に入《い》りの釣《つ》り場《ば》に向《む》かって歩《ある》いていたときのことだ。

「おい」

と、男《おとこ》の人《ひと》らしき声《こえ》に呼《よ》び止《と》められた。

「おい」

と男《おとこ》の人《ひと》は、浩太郎《こうたろう》くんとお父《とう》さんに向《む》かって言《い》っている。

「お父《とう》さん……」

浩太郎《こうたろう》くんがお父《とう》さんの服《ふく》をひっぱると、

「無視《むし》していいよ」

と、お父《とう》さんがとても小《ちい》さな声《こえ》で言《い》った。浩太郎《こうたろう》くんは、自分《じぶん》の足《あし》にまとわりつくねっとりした空気《くうき》を感《かん》じた。

浩太郎《こうたろう》くんは、

（今《いま》の声《こえ》、幽霊《ゆうれい》じゃないの？）

と、気《き》が気《き》じゃなかった。

その朝《あさ》は全《まった》く釣《つ》れなかった。

魚《さかな》が行動《こうどう》する時間《じかん》はだいたい決《き》まっている。夏《なつ》なら朝《あさ》5時《じ》〜10時頃《じごろ》まで。そして、夕方《ゆうがた》の日《ひ》が沈《しず》む頃《ころ》だ。時刻《じこく》はまだ9時《じ》にもなっていなかったが、お父《とう》さんは、

「今日《きょう》はここまで。運《うん》が悪《わる》いな」

とつぶやき、

「帰《かえ》るぞ」

と浩太郎《こうたろう》くんのほうを向《む》いた。

ずっともやもやしたものを感《かん》じていた浩太郎《こうたろう》くんは、心《こころ》の底《そこ》からホッとした。

発見《はっけん》したもの

車《くるま》を停《と》めた駐車場《ちゅうしゃじょう》に向《む》かう途中《とちゅう》、お父《とう》さんは、さっき浩太郎《こうたろう》くんが男《おとこ》の人《ひと》の声《こえ》を聞《き》いた場所《ばしょ》で立《た》ち止《ど》まった。

「ちょっと待《ま》ってろよ」

と、ガサガサと山《やま》の中《なか》に入《はい》り、

「やっぱり。あったよ。お前《まえ》は見《み》るなよ。行《い》くぞ」

と浩太郎《こうたろう》くんに告《つ》げた。

なんと、首《くび》をつって自殺《じさつ》をした男《おとこ》の人《ひと》の死体《したい》を見《み》つけたのだそうだ。

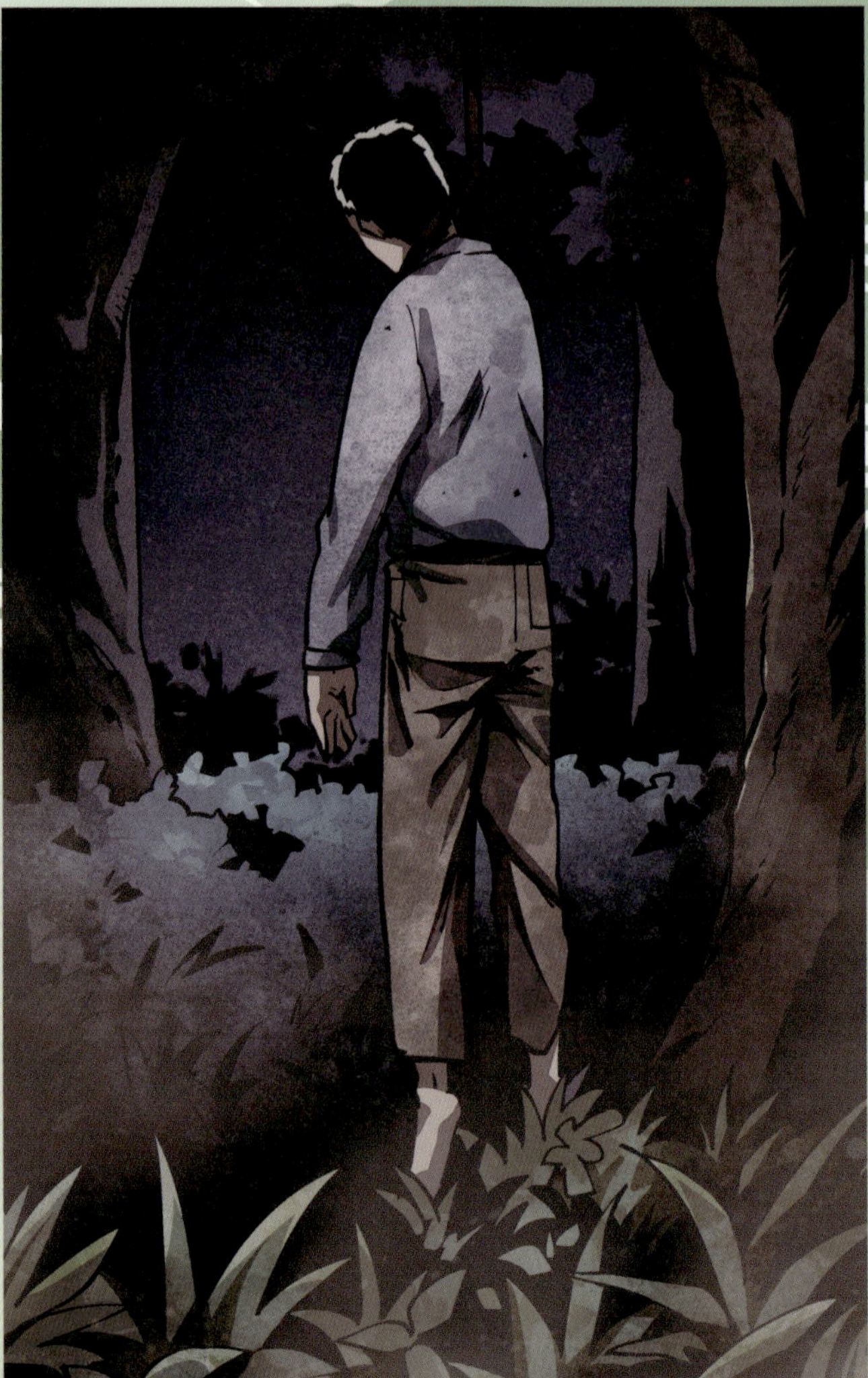

帰《かえ》り道《みち》、車《くるま》を運転《うんてん》しながら浩太郎《こうたろう》くんのお父《とう》さんが言《い》うには、山《やま》に入《はい》っていると、たまに姿《すがた》の見《み》えない誰《だれ》かに声《こえ》をかけられることがあるのだそうだ。

その正体《しょうたい》は、だいたい「その場《ば》で死《し》んだ人《ひと》」だ。

多《おお》くは自殺者《じさつしゃ》だ。自分《じぶん》の手《て》で命《いのち》を絶《た》ったのだから、放《ほお》っておいてほしいのかと思《おも》いきや、いざ、人知《ひとし》れず死《し》んだとなると、

「自分《じぶん》の死体《したい》を見《み》つけてほしい」

「死《し》んだことを知《し》ってほしい」

という気持《きも》ちが働《はたら》くようだ。

通《とお》りかかった人《ひと》に何《なん》らかのリアクションをするのだそうだ。

「気《き》のせいかなと思《おも》うこともあるけど、だいたいそんな日《ひ》は魚《さかな》が全《まった》く釣《つ》れないから分《わ》かるんだ」

「見《み》つけてやらないと、ずっと魚《さかな》が釣《つ》れない状態《じょうたい》が続《つづ》くからな」

とお父《とう》さんは言《い》う。

「ま、釣《つ》りを極《きわ》めればお前《まえ》も分《わ》かるようになるよ」

と、運転席《うんてんせき》のお父《とう》さんが、浩太郎《こうたろう》くんのほうを向《む》いた。

「もう、感《かん》じているよ」

と浩太郎《こうたろう》くんは言《い》い、さっきの「おい」という男《おとこ》の人《ひと》の声《こえ》を思《おも》い出《だ》し、心《こころ》の底《そこ》から、

（イヤだなあ）

と思《おも》った。そして、ふと自分《じぶん》のふくらはぎを見《み》て、叫《さけ》び声《ごえ》をあげた。

浩太郎《こうたろう》くんの足首《あしくび》からふくらはぎにかけて、なんと、男《おとこ》の人《ひと》に強《つよ》く握《にぎ》られたようなアザができていた。

生贄《いけにえ》

砂羽《さわ》さんの家《いえ》は、山《やま》あいにある。町《まち》の中央《ちゅうおう》をわりと大《おお》きな川《かわ》が流《なが》れ、夏《なつ》になるとたくさんの子《こ》どもたちが川遊《かわあそ》びを楽《たの》しむ。

地元《じもと》の子《こ》もいれば、親《しん》せきの家《いえ》に遊《あそ》びに来《き》ているという子《こ》もいる。砂《さ》羽《わ》さんは川遊《かわあそ》びが大好《だいす》きだった。

しかし、川《かわ》には川《かわ》の掟《おきて》がある。遊《あそ》んでいい場所《ばしょ》、立《た》ち入《い》ってはいけない場所《ばしょ》がある。

特《とく》に、台風《たいふう》の後《あと》などは、

「絶対《ぜったい》に近寄《ちかよ》っちゃダメ」

という場所《ばしょ》がいくつかあるのだが、たまに川《かわ》の事情《じじょう》を知《し》らない外部《がいぶ》の人《ひと》が、

「せっかく来《き》たんだから」

と、その場所《ばしょ》に立《た》ち入《い》ろうとする。

砂羽《さわ》さんはそれに気付《きづ》くと、

「その場所《ばしょ》はやめたほうが……」

と注意《ちゅうい》をする。しかし子《こ》どもの言《い》うことを聞《き》く人《ひと》はまずいない。

「地元《じもと》の人《ひと》も行《い》かない穴場《あなば》だ」

と、ずんずんと踏《ふ》み込《こ》んでいく。

特《とく》に、お盆《ぼん》は……。そして、たまに水難事故《すいなんじこ》が起《お》こる。

そのたびに地元《じもと》の大人《おとな》たちが、

「あー。やっぱりよその人《ひと》か」

と、あきれ顔《がお》でウワサしあうことになる。

川《かわ》に呼《よ》ばれる

その年《とし》のお盆《ぼん》は、猛烈《もうれつ》な台風《たいふう》が砂《さ》羽《わ》さんの町《まち》を襲《おそ》った。橋《はし》が壊《こわ》れるのではないかというほどの台風《たいふう》で、雨《あめ》

がやんだ後《あと》も、ものすごい量《りょう》の水《みず》が川《かわ》を流《なが》れた。

「しばらく川遊《かわあそ》びできないね」

とおばあちゃんと川《かわ》をのぞき込《こ》んでいた時《とき》のことだ。他府県《たふけん》のナンバープレートをつけた車《くるま》が、砂羽《さわ》さんたちを見《み》つけて止《と》まった。車《くるま》には、若者《わかもの》たちが乗《の》っていた。そして、おもむろにこう聞《き》いた。

「この辺《へん》で、バーベキューできる場《ば》所《しょ》はないですかね？」

おばあちゃんが顔《かお》をしかめた。

「ないない。わしらがすすめた場所《ばしょ》で死《し》なれたらこまるけん、別《べつ》の場所《ばしょ》に行《い》ってくれ」

若者《わかもの》たちは、

「死《し》ぬなんておおげさな」

と食《く》い下《さ》がってくる。

「ないない」

と、おばあちゃんは手《て》を振《ふ》りながら家《いえ》に帰《かえ》り始《はじ》めた。砂羽《さわ》さんは慌《あわ》てておばあちゃんについて行《い》った。

「あの人《ひと》たち、大丈夫《だいじょうぶ》かな」

「知《し》らん」

若者《わかもの》たちを乗《の》せた車《くるま》は、すでに見《み》えなくなっていた。

その日《ひ》の夜《よる》、砂羽《さわ》さんの町《まち》を流《なが》れる川《かわ》の上流《じょうりゅう》で、大学生《だいがくせい》が水難事故《すいなんじこ》にあったというニュースが流《なが》れた。

砂羽《さわ》さんたちに声《こえ》をかけてきた、あの若者《わかもの》たちだった。濁流《だくりゅう》にのまれて、女《おんな》の人《ひと》がひとり、死亡《しぼう》したとのことだった。

「おばあちゃん、あの人《ひと》たちだよ」

と砂羽《さわ》さんはおばあちゃんのほうを見《み》た。

「お母《かあ》さん、あのね」

砂羽《さわ》さんは、昼間《ひるま》あったことを家《か》族《ぞく》に話《はな》した。

「そのことは、もうここでおしまい。他《ほか》の人《ひと》に言《い》わないこと」

とお父《とう》さんが言《い》った。おばあちゃんが静《しず》かに口《くち》を開《ひら》いた。

「わしらが関《かか》わってなかったらいいんよ。こんなことになったけど、川《かわ》の神様《かみさま》は、お喜《よろこ》びじゃろう」

砂羽《さわ》さんには「神様《かみさま》が喜《よろこ》ぶ」という意味《いみ》が分《わ》からなかった。

川《かわ》のヒミツ

実《じつ》は砂羽《さわ》さんの町《まち》は、昔《むかし》まだ村《むら》だった頃《ころ》から、大雨《おおあめ》の後《あと》の川《かわ》の氾濫《はんらん》に苦《くる》しめられていた。

「なんとか川《かわ》の神様《かみさま》におとなしくしてほしい」

と思《おも》った村人《むらびと》たちは、何年《なんねん》かに一《いち》度《ど》、「人柱《ひとばしら》」を川《かわ》の神様《かみさま》に捧《ささ》げてきたのだそうだ。

「人柱《ひとばしら》」——つまり、生贄《いけにえ》だ。

そう、川《かわ》が氾濫《はんらん》するたびに、この村《むら》では、村《むら》から若《わか》い女性《じょせい》をひとり選《えら》び、女性《じょせい》の手足《てあし》をしばって、生《い》きたまま川《かわ》に流《なが》していた。

そうすると不思議《ふしぎ》なことに、それから数年《すうねん》は、川《かわ》が氾濫《はんらん》したとしても、村《むら》に被害《ひがい》がもたらされることはない。しかも、豊漁《ほうりょう》や豊作《ほうさく》をもたらしてくれていたのだそうだ。

今《いま》ではすっかりそんな酷《ひど》いしきたりはなくなった。ただ、川《かわ》が氾濫《はんらん》すると、必《かなら》ずと言《い》っていいほど、人《ひと》が死《し》ぬのだという。

「川《かわ》の神様《かみさま》が自分《じぶん》で生贄《いけにえ》を求《もと》めているのかもしれないなあ」

おばあちゃんの話《はなし》を聞《き》きながら、砂羽《さわ》さんはこれまで遊《あそ》んでくれていた川《かわ》を、心《こころ》から恐《おそ》ろしいと思《おも》った。

本当《ほんとう》は怖《こわ》い

トンネル

「トンネルを抜《ぬ》けると、別世界《べっせかい》のような景色《けしき》が広《ひろ》がっていた」という
経験《けいけん》は誰《だれ》もがしたことがあるでしょう。
しかし、本当《ほんとう》に“別世界《べっせかい》”が広《ひろ》がっていたら……。

山《やま》の中《なか》の子《こ》どもたち

佑司《ゆうじ》くんのおばあちゃんは、ひとりで山《やま》に囲《かこ》まれた小《ちい》さな集落《しゅうらく》に住《す》んでいる。おじいちゃんは、佑司《ゆうじ》くんが生《う》まれる前《まえ》に事故《じこ》で亡《な》くなった。

佑司《ゆうじ》くんのお母《かあ》さんをはじめとする子《こ》どもたちは、みんな都会《とかい》で暮《く》らしている。

「何《なに》もないところだから仕方《しかた》ない」

と佑司《ゆうじ》くんのお母《かあ》さんは言《い》うが、川《かわ》で魚《さかな》とりをしたり、山《やま》で昆虫採集《こんちゅうさいしゅう》をしたりできるおばあちゃんの家《いえ》が、佑司《ゆうじ》くんは大好《だいす》きだ。

あんな事件《じけん》が起《お》きても……。

子《こ》どもたちの声《こえ》

その日《ひ》の夕方《ゆうがた》、佑司《ゆうじ》くんはひとりでおばあちゃんの家《いえ》の裏山《うらやま》に登《のぼ》り、探検《たんけん》をしていた。

おばあちゃんから、

「裏山《うらやま》は道《みち》が壊《こわ》れているところもあるから、奥《おく》まで入《はい》らないように」

と、しつこく言《い》われてはいたが、子《こ》どもひとりなら十分《じゅうぶん》に歩《ある》けるけもの道《みち》が続《つづ》いていたこともあり、

（行《い》けるところまで行《い》きたいな）

と思《おも》っているうちに、いつの間《ま》にか山《やま》の奥《おく》に入《はい》り込《こ》んでしまっていた。

とはいえ、一本道《いっぽんみち》だ。帰《かえ》ろうと思《おも》えばすぐに帰《かえ》れる。空《そら》がだんだんと暗《くら》くなり始《はじ》めたこともあり、

（そろそろ、帰《かえ》るか）

と佑司《ゆうじ》くんが思《おも》った時《とき》、遠《とお》くのほうで、子《こ》どもたちが楽《たの》しそうに遊《あそ》ん

でいる声《こえ》がした。

佑司《ゆうじ》くんは、ビクッとはしたが、

（地元《じもと》の小学生《しょうがくせい》かな。この先《さき》にいい遊《あそ》び場《ば》があるのかな）

と、子《こ》どもたちの声《こえ》がする方向《ほうこう》へ足《あし》を進《すす》めてみた。

5人《にん》の子《こ》ども

少《すこ》し歩《ある》くと広《ひろ》めの空間《くうかん》があり、3人《にん》の男《おとこ》の子《こ》とふたりの女《おんな》の子《こ》が楽《たの》しそうに走《はし》り回《まわ》っていた。佑司《ゆうじ》くんと同《おな》い年《どし》くらいのようだ。

5人《にん》は佑司《ゆうじ》くんの存在《そんざい》に気付《きづ》くと、一瞬驚《いっしゅんおどろ》いた表情《ひょうじょう》をしたものの、すぐに〝ぱあっ〟と笑顔《えがお》になり、佑司《ゆうじ》くんに、

「どこの子《こ》？」

「どこから来《き》たの？」

「何年生《なんねんせい》？」

と一斉《いっせい》に聞《き》いてきた。そして、

「人数《にんずう》が増《ふ》えたから、鬼《おに》ごっこをしよう！」

と言《い》い出《だ》した。しかし日《ひ》はどんどん暮《く》れていく。

（早《はや》く帰《かえ》らないとおばあちゃんが心《しん》配《ぱい》するかも）

と、佑司《ゆうじ》くんは遊《あそ》びを断《ことわ》ろうとしたが、

（でも、おばあちゃんの家《いえ》を知《し》ってるみたいだし、地元《じもと》の子《こ》たちと一緒《いっしょ》だったと言《い》ったら大丈夫《だいじょうぶ》だろう）

と思《おも》い直《なお》し、そのまま鬼《おに》ごっこに加《くわ》わった。

佑司《ゆうじ》くんは、低木《ていぼく》の後《うし》ろの茂《しげ》みの中《なか》に隠《かく》れることにした。すると、ひ

とりの男《おとこ》の子《こ》が佑司《ゆうじ》くんのところに走《はし》ってきて、

「こっちに面白《おもしろ》いものがあるよ！」

と佑司《ゆうじ》くんの手《て》を取《と》った。

（冷《つめ》たい！）

男《おとこ》の子《こ》の手《て》は、氷《こおり》のように冷《つめ》たかった。

「どこに行《い》くの？　かくれんぼしないの？」

佑司《ゆうじ》くんの声《こえ》を無視《むし》して、男《おとこ》の子《こ》はどんどん先《さき》に進《すす》んで行《い》く。

「ちょっと待《ま》って。そろそろ家《いえ》に帰《かえ》らないと本当《ほんとう》にヤバいから」

佑司《ゆうじ》くんがパニック状態《じょうたい》におちいりながら叫《さけ》んでいると、男《おとこ》の子《こ》が立《た》ち止《ど》まった。

「見《み》てみ！　すごいやろ」

到着《とうちゃく》したようだ。

その男《おとこ》の子《こ》が指差《ゆびさ》したのは、古《ふる》ぼけたトンネルだった。

「昔《むかし》、ここに電車《でんしゃ》が走《はし》る予定《よてい》だったんだ。何故《なぜ》か、結局使《けっきょくつか》われなかったけどね」

と、男《おとこ》の子《こ》はトンネルの前《まえ》まで走《はし》って行《い》き、

「こっち来《き》て！　早《はや》く！」

と、佑司《ゆうじ》くんに向《む》かって大《おお》きく手《て》を振《ふ》り、トンネルの暗闇《くらやみ》の中《なか》に消《き》えていった。

おじいちゃんの声《こえ》

佑司《ゆうじ》くんは、トンネルから離《はな》れた丘《おか》の上《うえ》にいたが、そのトンネルが恐《おそ》ろしくてたまらなかった。

泣《な》きそうになっていると、いつの間《ま》に来《き》たのか、残《のこ》りの４人《にん》の子《こ》どもたちも、

「おーい。一緒《いっしょ》に行《い》こう」

「面白《おもしろ》いよー！」

と、トンネルの入《い》り口《ぐち》で手《て》を振《ふ》っていた。

（あのトンネルだけは怖《こわ》い）

（でも、帰《かえ》り道《みち》が分《わ》からない）

とまどっていると、ひとりの女《おんな》の子《こ》がススーッと、佑司《ゆうじ》くんのところにやって来《き》た。

「ここだったら、ずっと遊《あそ》んでいられるよ」

（怖《こわ》い、怖《こわ》い、どうしよう）

佑司《ゆうじ》くんが涙《なみだ》ぐんでいると、

「佑司《ゆうじ》、早《はや》く帰《かえ》れ」

という、男性《だんせい》の怒鳴《どな》り声《ごえ》が背後《はいご》から聞《き》こえた。振《ふ》り向《む》くと、おばあちゃんの家《いえ》の仏壇《ぶつだん》の写真《しゃしん》とそっくりのおじいさんが立《た》っていた。

「え？　おじいちゃん⁉」

佑司《ゆうじ》くんは強《つよ》い力《ちから》に押《お》されるようにして、トンネルとは逆方向《ぎゃくほうこう》に伸《の》びている線路《せんろ》の上《うえ》を走《はし》った。

佑司《ゆうじ》くんはどうやって帰《かえ》って来《き》たか覚《おぼ》えていない。起《お》きた出来事《できごと》の全《すべ》てを話《はな》すと、おばあちゃんがタンスの中《なか》から古《ふる》びた新聞《しんぶん》を持《も》ってきた。

新聞《しんぶん》の一面《いちめん》には、30年《ねん》ほど前《まえ》、あのトンネルで大事故《だいじこ》があり、現場《げんば》で遊《あそ》んでいた5人《にん》の子《こ》どもが亡《な》くなったと書《か》かれていた。

そう、あの子《こ》たちは……。

トンネルの壁《かべ》のシミ

これは由加《ゆか》さんが、親《しん》せきのお姉《ねえ》さんのふうかさんから聞《き》いた話《はなし》だ。

由加《ゆか》さんの家《いえ》から車《くるま》で１時間《じかん》ほど行《い》ったところに、

「幽霊《ゆうれい》が出《で》る」

というウワサのあるトンネルがある。県内《けんない》では有名《ゆうめい》で、肝試《きもだめ》しに訪《おとず》れる若《わか》い人《ひと》が多《おお》い。


ふうかさんも夜《よる》、友《とも》だちに誘《さそ》われて、10人《にん》ほどで肝試《きもだめ》しに行《い》ったことがあるのだそうだ。

壁《かべ》のシミがしゃべった！

このトンネルには、壁《かべ》にシミがある。これが人間《にんげん》の顔《かお》をしているように見《み》える。そのため、

「夜《よる》、すすり泣《な》いていた」

とか、

「じっと見《み》ているとまばたきする」

と言《い》われていた。


ふうかさんが肝試《きもだめ》しに行《い》った日《ひ》は雨《あめ》で、トンネルの中《なか》まで水《みず》がしみ込《こ》んできたこともあり、壁《かべ》のシミがいっそう不気味《ぶきみ》に見《み》えた。


「気持《きも》ち悪《わる》いね」

と、ふうかさんがトンネルの中《なか》を歩《ある》いていると、誰《だれ》かが叫《さけ》んだ。

「壁《かべ》のシミが『助《たす》けて』って！」

「熱《あつ》い、熱《あつ》いって言《い》ってる！」

「逃《に》げろ！」


ふうかさんは、訳《わけ》が分《わ》からないまま友《とも》だちに手《て》をひかれ、車《くるま》に乗《の》せられ、トンネルから出《で》た。

しかし、トンネルに残《のこ》ったメンバーが何人《なんにん》かいた。なんと、その人《ひと》たちとはその日《ひ》の夜《よる》を境《さかい》に、連絡《れんらく》が取《と》れなくなったのだそうだ。


「あの日《ひ》から、たまにトンネルを見《み》るとね、壁《かべ》のシミの顔《かお》の数《かず》が増《ふ》えている気《き》がするの」

と、ふうかさんは言《い》う。

「肝試《きもだめ》しは、本当《ほんとう》に危険《きけん》だから、絶《ぜっ》対《たい》に行《い》っちゃダメよ」

と厳《きび》しく言《い》われたが、その日《ひ》から何《なん》となく、由加《ゆか》さんはトンネルのシミを見《み》てしまうのだそうだ。


そして見《み》ていると、「助《たす》けて」という声《こえ》が聞《き》こえるような気《き》がするのだという。

トンネルの首絞《くびし》め幽霊《ゆうれい》

友美《ゆみ》さんには小学《しょうがく》6年生《ねんせい》の姉《あね》、里世《よ》さんがいる。

年齢《ねんれい》がひとつしか離《はな》れていないこともあり、友美《ゆみ》さんはお姉《ねえ》さんと何《なに》かと競争《きょうそう》をすることが多《おお》い。

宿題《しゅくだい》を終《お》える早《はや》さやご飯《はん》を食《た》べる量《りょう》、お風呂《ふろ》で髪《かみ》を洗《あら》うスピード、図書館《としょかん》で借《か》りた本《ほん》の数《かず》、習《なら》い事《ごと》の習字《しゅうじ》

の字《じ》のうまさ、ピアノの上達度《じょうたつど》、とにかく何《なん》でも、

「どっちが勝《か》つか」

と競《きそ》い合《あ》う。それは小《ちい》さい頃《ころ》からで、年下《としした》でありながら友美《ゆみ》さんが勝《か》つこともある。

しかし、そういった行為《こうい》を、

「もうやめよう」

と思《おも》わせられる、ある怖《こわ》い事件《じけん》が起《お》きた。

浮《う》かび上《あ》がる白《しろ》い手《て》

家《いえ》から車《くるま》で2時間《じかん》ほど離《はな》れた場所《ばしょ》にある、大型《おおがた》のショッピングモールに出《で》かけた時《とき》のことだ。

夜《よる》ご飯《はん》をショッピングモールの中《なか》で食《た》べたこともあり、家《いえ》に帰《かえ》ろうという頃《ころ》には、とっぷりと日《ひ》が暮《く》れていた。

さて、車《くるま》に乗《の》っている時《とき》にトンネルを通《とお》ると、友美《ゆみ》さんと里世《りよ》さんは必《かなら》ず〝息止《いきと》め競争《きょうそう》〟をする。

ルールは単純《たんじゅん》で、トンネルの中《なか》で息継《いきつ》ぎをした回数《かいすう》を競《きそ》うというだけのものだ。

短《みじか》いトンネルなら、どれだけ余裕《よゆう》をもって息《いき》を止《と》めていられるか。長《なが》いトンネルだと何回《なんかい》息継《いきつ》ぎをするかが、勝敗《しょうはい》の決《き》め手《て》になる。

その日《ひ》もふたりは何度《なんど》か息《いき》を止《と》めて遊《あそ》んでいた。

「せーの」

車《くるま》が、とある長《なが》いトンネルに差《さ》し掛《か》かった。

この勝負《しょうぶ》で友美《ゆみ》さんは、里世《りよ》さんに勝《か》ったことがない。スイミングスクールに通《かよ》っている里世《りよ》さんは、この手《て》の勝負《しょうぶ》が得意《とくい》だ。

「ぷふぁあ」

友美《ゆみ》さんは一度目《いちどめ》の息継《いきつ》ぎをした。里世《りよ》さんは平気《へいき》そうだ。友美《ゆみ》さんは再《ふたた》び大《おお》きく息《いき》を吸《す》い込《こ》んだ。しばらくして、

「ぷふぁあ」

友美《ゆみ》さんがまた、大《おお》きく息《いき》を吐《は》いた。里世《りよ》さんはまだ息継《いきつ》ぎをしない。

不思議《ふしぎ》に思《おも》った友美《ゆみ》さんは、里世《りよ》さんのほうを見《み》た。

すると、車《くるま》の窓《まど》の向《む》こうから、うっすらと白《しろ》い手《て》が出《で》ていて、里世《りよ》さんの首《くび》を絞《し》めていた。

里世《りよ》さんは、あっぷあっぷと息苦《いきぐる》しそうにしている。

「お姉《ねえ》ちゃん！」

友美《ゆみ》さんが叫《さけ》ぶと、白《しろ》い手《て》が消《き》えた。里世《りよ》さんは、ぜえぜえ息《いき》をしながら、

「どうしたの？」

と不思議《ふしぎ》そうに友美《ゆみ》さんを見《み》た。

自分《じぶん》が首《くび》を絞《し》められていたなどとは夢《ゆめ》にも思《おも》っていないようだ。

友美《ゆみ》さんは、このトンネルに〝幽《ゆう》霊《れい》が出《で》る〟というウワサがあるのを思《おも》い出《だ》した。

自殺者《じさつしゃ》が多《おお》いトンネル

実《じつ》は、このトンネルの上《うえ》は墓地《ぼち》が広《ひろ》がっている。そして、そこで何人《なんにん》も首《くび》を吊《つ》って自殺《じさつ》をしているというウワサがある。

そのため、

「夜《よる》、このトンネルを通《とお》るとうめき声《ごえ》が聞《き》こえる」

だとか、

「真夜中《まよなか》なのにトンネルの入《い》り口《ぐち》に女性《じょせい》が立《た》って手招《てまね》きしていた。無視《むし》して通《とお》り過《す》ぎると、車《くるま》の後部座席《こうぶざせき》に女性《じょせい》が座《すわ》っていた」

といったウワサがまことしやかに語《かた》られていた。

車《くるま》をトンネルが抜《ぬ》けた時《とき》、里世《りよ》さんが、

「キャー！」

と叫《さけ》んだ。トンネルを抜《ぬ》けてすぐの場所《ばしょ》に生《は》えている大《おお》きな木《き》の下《した》で、白《しろ》い服《ふく》を着《き》た女性《じょせい》がゆらゆらと揺《ゆ》れていたという。まるで、友美《ゆみ》さんと里世《りよ》さんに自分《じぶん》の姿《すがた》を見《み》せつけるかのように……。

「わざと息《いき》を止《と》めて遊《あそ》んでいた私《わたし》たちに、自分《じぶん》たちの苦《くる》しさを知《し》らしめようとしたのかも」

友美《ゆみ》さんと里世《りよ》さんは、あまりの恐《おそ》ろしさに車《くるま》を降《お》りるまで、ぎゅっと互《たが》いの手《て》を握《にぎ》りあっていた。

本《ほん》当《とう》は怖《こわ》い 庭《にわ》

庭《にわ》は、その家《いえ》に住《す》む人《ひと》が最《もっと》も安心《あんしん》できる屋外《おくがい》スペースです。
だからこそ、他人《たにん》が勝手《かって》に入《はい》り込《こ》もうとすると、
激《はげ》しく牙《きば》をむくこともあるのです。

桜《さくら》の木《き》の下《した》には……

絵理香《えりか》さんの通学路《つうがくろ》には、一軒《いっけん》の大《おお》きなお屋敷《やしき》がある。お屋敷《やしき》には日《に》本庭園《ほんていえん》があり、高《たか》めの塀《へい》越《ご》しからでも、その立派《りっぱ》さが伝《つた》わってくる。

特《とく》に桜《さくら》の頃《ころ》は、大《おお》きなしだれ桜《ざくら》が見事《みごと》に咲《さ》き誇《ほこ》る。そのため、春《はる》になると多《おお》くの人《ひと》がお屋敷《やしき》の周辺《しゅうへん》を散策《さんさく》していた。

しかし、桜《さくら》を楽《たの》しむのは、お屋敷《やしき》に隣接《りんせつ》する歩道《ほどう》と道路《どうろ》を挟《はさ》んだ遠《とお》くからだ。

というのもこのお屋敷《やしき》の庭《にわ》には、大《おお》きなドーベルマンが何匹《なんびき》も放《はな》し飼《が》いにされていて、人間《にんげん》が塀《へい》に近寄《ちかよ》っただけで、

「ワン、ワワン」

「ワオーン、ワオーン」

という、何匹《なんびき》もの犬《いぬ》の低《ひく》く恐《おそ》ろしい吠《ほ》え声《ごえ》が、辺《あた》り一帯《いったい》に響《ひび》き渡《わた》るからだ。

そのため、普段《ふだん》から塀《へい》のそばに近《ちか》づく人《ひと》はまずいなかった。

謎《なぞ》の男《おとこ》の人《ひと》

絵理香《えりか》さんもそのひとりだ。

その春《はる》も学校《がっこう》からの帰《かえ》り道《みち》、絵理《えり》香《か》さんはお屋敷《やしき》のそばで思《おも》わず立《た》ち止《ど》まった。しだれ桜《ざくら》がちょうど満開《まんかい》だったからだ。

道路《どうろ》の反対側《はんたいがわ》から、庭《にわ》の満開《まんかい》のしだれ桜《ざくら》をぼんやり眺《なが》めながら、

「キレイだなあ」

と、ぽそっとつぶやいたその時《とき》、桜《さくら》がぼうっと光《ひか》った気《き》がした。

「桜《さくら》って光《ひか》るの？」

と絵理香《えりか》さんがまじまじと眺《なが》めていると、いつの間《ま》にかひとりの若《わか》い男性《だんせい》がそばに立《た》っていた。

「知《し》ってる？」

男性《だんせい》はひとり言《ごと》のように言《い》った。

「あの桜《さくら》の下《した》にはね、ぼくの姉《あね》が埋《う》められているんだ。キレイだろ」

（誰《だれ》？）

知《し》らない人《ひと》から話《はな》しかけられ、絵《え》理香《りか》さんはパニック状態《じょうたい》におちいった。その場《ば》から逃《に》げ出《だ》したかったが、足《あし》が動《うご》かなかった。

男性《だんせい》は桜《さくら》の木《き》をじっと見《み》つめ、

「姉《あね》の死体《したい》を隠《かく》すために、あいつは庭《にわ》に猛犬《もうけん》を放《はな》しているんだ」

と言《い》って、すうっと消《き》えた。

「え？　幽霊《ゆうれい》？　私《わたし》、幽霊《ゆうれい》を見《み》ちゃったの⁉」

絵理香《えりか》さんは頭《あたま》が真《ま》っ白《しろ》になり、一目散《いちもくさん》にその場《ば》から逃《に》げ去《さ》った。

桜《さくら》の木《き》の下《した》にいるもの

絵理香《えりか》さんは家《いえ》に帰《かえ》ってお母《かあ》さんにその話《はなし》をした。

「確《たし》かにあのお屋敷《やしき》は奥《おく》さんが若《わか》くして亡《な》くなってるけど、病死《びょうし》だし、ちゃんとお葬式《そうしき》も出《だ》してたし、火葬《かそう》もしたはずよ。気持《きも》ち悪《わる》いわね」

と顔《かお》をしかめた。

では、あの男性《だんせい》はいったい何者《なにもの》なんだろう……。

その後《ご》、絵理香《えりか》さんが見《み》た男性《だんせい》の幽霊《ゆうれい》は、亡《な》くなった奥《おく》さん・みかこさんの、自殺《じさつ》した幼《おさな》なじみじゃないかと、大人《おとな》から聞《き》かされた。

その男性《だんせい》は、みかこさんを姉《あね》と慕《した》っていて、みかこさんが好《す》きだったそうだ。そのため、みかこさんが亡《な》くなった時《とき》、

「みかこ姉《ねえ》さんは、殺《ころ》されてあの桜《さくら》の木《き》の下《した》に埋《う》められたに違《ちが》いない」

と思《おも》い込《こ》んでしまった。

そして、それから数年後《すうねんご》のある春《はる》の日《ひ》、このお屋敷《やしき》の庭《にわ》に忍《しの》び込み、しだれ桜《ざくら》の木《き》で首《くび》を吊《つ》って命《いのち》を絶《た》ってしまった。

それからというもの、桜《さくら》の木《き》の下《した》に、その男性《だんせい》の幽霊《ゆうれい》が出《で》るようになった。お屋敷《やしき》が庭《にわ》に犬《いぬ》を放《はな》し飼《が》いにしているのは、この男性《だんせい》の幽霊《ゆうれい》が犬《いぬ》を怖《こわ》がるからなのだという。

絵理香《えりか》さんは、春《はる》になるたびにお屋敷《やしき》の桜《さくら》を眺《なが》める。ただ、決《けっ》して立《た》ち止《ど》まったりはしない。また男性《だんせい》の幽霊《ゆうれい》に声《こえ》をかけられると怖《こわ》いからだ。

それでも、

「確《たし》かに、死体《したい》が埋《う》まっていると思《おも》ってしまうくらいキレイだなあ」

と、花《はな》をたくさんつけた木《き》を見上《みあ》げる。

そして中学生《ちゅうがくせい》になったら、もう桜《さくら》を見《み》にくるのはやめようと思《おも》っている。
それは、あの時《とき》、あの男性《だんせい》の幽霊《ゆうれい》に、
「君《きみ》は、みかこ姉《ねえ》さんの小《ちい》さい頃《ころ》によく似《に》てるね」
と言《い》われたからだ。

人喰《ひとく》いネズミ

崇《たかし》くんの学校《がっこう》の近《ちか》くには、ゴミ屋《や》敷《しき》がある。人《ひと》は住《す》んでいない。なので、毎日《まいにち》のように新《あたら》しいゴミが更新《こうしん》されるわけでも、生《なま》ゴミ特有《とくゆう》の臭《にお》いがするわけでもない。

それでも、ガラクタが玄関《げんかん》や窓《まど》からあふれかえった、ふた部屋《へや》ほどしかない平屋《ひらや》建《だ》ては、いかにも崩《くず》れそうで、近所《きんじょ》の人《ひと》から、

「誰《だれ》も住《す》んでないなら、さっさと取《と》り壊《こわ》してよ」

だとか、

「行政《ぎょうせい》に言《い》って、ゴミだけでも全部《ぜんぶ》持《も》ち帰《かえ》ってもらいましょうよ」

と言《い》われていた。

ゴミ屋敷《やしき》は、小学生《しょうがくせい》たちから恐《おそ》れられていた。

というのも、このゴミ屋敷《やしき》には巨《きょ》大《だい》なネズミが住《す》んでいるというウワサがあったからだ。

「子《こ》どもを狙《ねら》って襲《おそ》いかかる」

と言《い》われており、

「庭《にわ》に百匹《ひゃっぴき》ほどたむろっていた」

「ゴミ屋敷《やしき》には幽霊《ゆうれい》が住《す》んでいて、夜《よる》になると一緒《いっしょ》に庭《にわ》に出《で》てくる」

というウワサもあった。そのため、ここのネズミは、

「キラーマウス」

そして、このゴミ屋敷《やしき》は、

「デスハウス」

と呼《よ》ばれており、

「デスハウスのキラーマウスに見《み》つかったら喰《く》い殺《ころ》される」

とウワサされていた。

それでも、数年《すうねん》に一度《いちど》は〝キラーマウス〟に挑《いど》もうとする命知《いのちし》らずが現《あらわ》れるものだ。

ネズミ退治《たいじ》、作戦会議《さくせんかいぎ》

崇《たかし》くんのお兄《にい》さん、ひとしさん一派《いっぱ》がそれだ。

「オレらも来年《らいねん》は中学《ちゅうがく》だし、キラーマウスを退治《たいじ》して卒業《そつぎょう》してやるよ」

と、その夏休《なつやす》み、ひとしさんは5人《にん》の仲間《なかま》とともに、

「これがオレらの自由研究《じゆうけんきゅう》だ」

と、ネズミ退治《たいじ》の計画《けいかく》を立《た》てた。

ネズミ退治《たいじ》に絶対《ぜったい》に必要《ひつよう》なのが、武器《ぶき》だ。

ひとしさんは、修学旅行《しゅうがくりょこう》に関西《かんさい》に行《い》った時《とき》に買《か》った木刀《ぼくとう》を持《も》って

行《い》くことになった。

他《ほか》の友《とも》だちは、金属《きんぞく》バット、BB弾《だん》が連射《れんしゃ》できる空気銃《くうきじゅう》、そして段《だん》ボールで作《つく》った自作《じさく》の〝キラーマウス避《よ》け〟の盾《たて》などを用意《ようい》することになったようだ。その他《ほか》、どこからどう攻《せ》めるかなどが話《はな》し合《あ》われ、万全《ばんぜん》の対策《たいさく》が練《ね》られた。

崇《たかし》くんは、作戦本部《さくせんほんぶ》でもあるひとしさんと崇《たかし》くんの部屋《へや》で計画《けいかく》を聞《き》きながら、仲間《なかま》に入《い》れてもらえないながらもドキドキしていた。

そうそう、ネズミを生《い》け捕《ど》りする、網担当《あみたんとう》の友《とも》だちもいた。

ネズミに襲《おそ》われる！

そして当日《とうじつ》。

「お母《かあ》さんに絶対言《ぜったいい》うなよ」

と、ひとしさんは、朝《あさ》ご飯《はん》を食《た》べ、午前《ごぜん》10時《じ》をまわった頃《ころ》、家《いえ》を出《で》た。

集合場所《しゅうごうばしょ》は学校《がっこう》の正門《せいもん》らしい。崇《たかし》くんはひとしさんから、

「お前《まえ》は来《く》るな。でもヘルプ担当《たんとう》に任命《にんめい》してやろう。オレが12時《じ》になっても帰《かえ》って来《こ》なかったら、お母《かあ》さんに助《たす》けを求《もと》めろ」

と言《い》われていたが、気《き》になって仕《し》方《かた》がなかった。

「ちょっとだけ見《み》に行《い》きたい。でも行《い》ったら絶対《ぜったい》に怒《おこ》られる」

崇《たかし》くんが2階《かい》の自分《じぶん》たちの部屋《へや》の窓《まど》から、ゴミ屋敷付近《やしきふきん》を眺《なが》めていると、意外《いがい》なことに10分《ぷん》もしないうちにひとしさんたちが、

「ギャー」

という悲鳴《ひめい》を上《あ》げながら家《いえ》に逃《に》げ帰《かえ》ってきた。

なんと、友《とも》だちのひとりが、突然《とつぜん》現《あらわ》れた巨大《きょだい》ネズミに噛《か》みつかれたというのだ。

ひとしさんが言《い》うには、ゴミ屋敷《やしき》の庭《にわ》に何《なに》もいないことを確認《かくにん》し、〝偵《てい》察《さつ》〟係《がかり》の友《とも》だちが庭《にわ》の中《なか》まで入《はい》り込《こ》んだ。すると家《いえ》の中《なか》や軒下《のきした》からワラワラと巨大《きょだい》ネズミが現《あらわ》れ、飛《と》びかかってきたのだそうだ。一瞬《いっしゅん》の出来事《できごと》で、ひとしさんたちはネズミを振《ふ》り払《はら》うのがやっとだった。

「バイキンが入《はい》るかもしれない」

と友《とも》だちはすぐに病院《びょういん》に連《つ》れて行《い》かれた。そして、

「子《こ》どもがケガをさせられた」

ということで、ゴミ屋敷《やしき》はすぐに取《と》り壊《こわ》されることになった。

ネズミが食《た》べていたもの

するとなんと、庭《にわ》から動物《どうぶつ》の白骨《はっこつ》死体《したい》が山《やま》のように出《で》てきたのだという。巨大《きょだい》ネズミのものかと思《おも》いきや、

そうではなく、ネコやイヌのものと思《おも》われる死体《したい》がどこを掘《ほ》っても出《で》てくるような状態《じょうたい》だった。

さらに、家《いえ》の中《なか》が調《しら》べられ、衝撃《しょうげき》の事実《じじつ》が判明《はんめい》した。

なんと押入《おしい》れから、生後数《せいごすう》カ月《げつ》らしい子《こ》どもの白骨死体《はっこつしたい》が数体発見《すうたいはっけん》されたのだ。骨《ほね》にはネズミにかじられた跡《あと》もあったという。

赤《あか》ちゃんを捨《す》てた犯人《はんにん》は、まだ分《わ》からない。

そんなことより、崇《たかし》くんたちにとっては、

「本当《ほんとう》に巨大《きょだい》ネズミが子《こ》どもを食《た》べていたかもしれない」

という事実《じじつ》のほうが、はるかに恐《おそ》ろしかった。

ひとしくんの友《とも》だちを襲《おそ》った巨大《きょだい》ネズミたちだが、パタリと姿《すがた》を消《け》してしまい、行方《ゆくえ》は分《わ》からない。

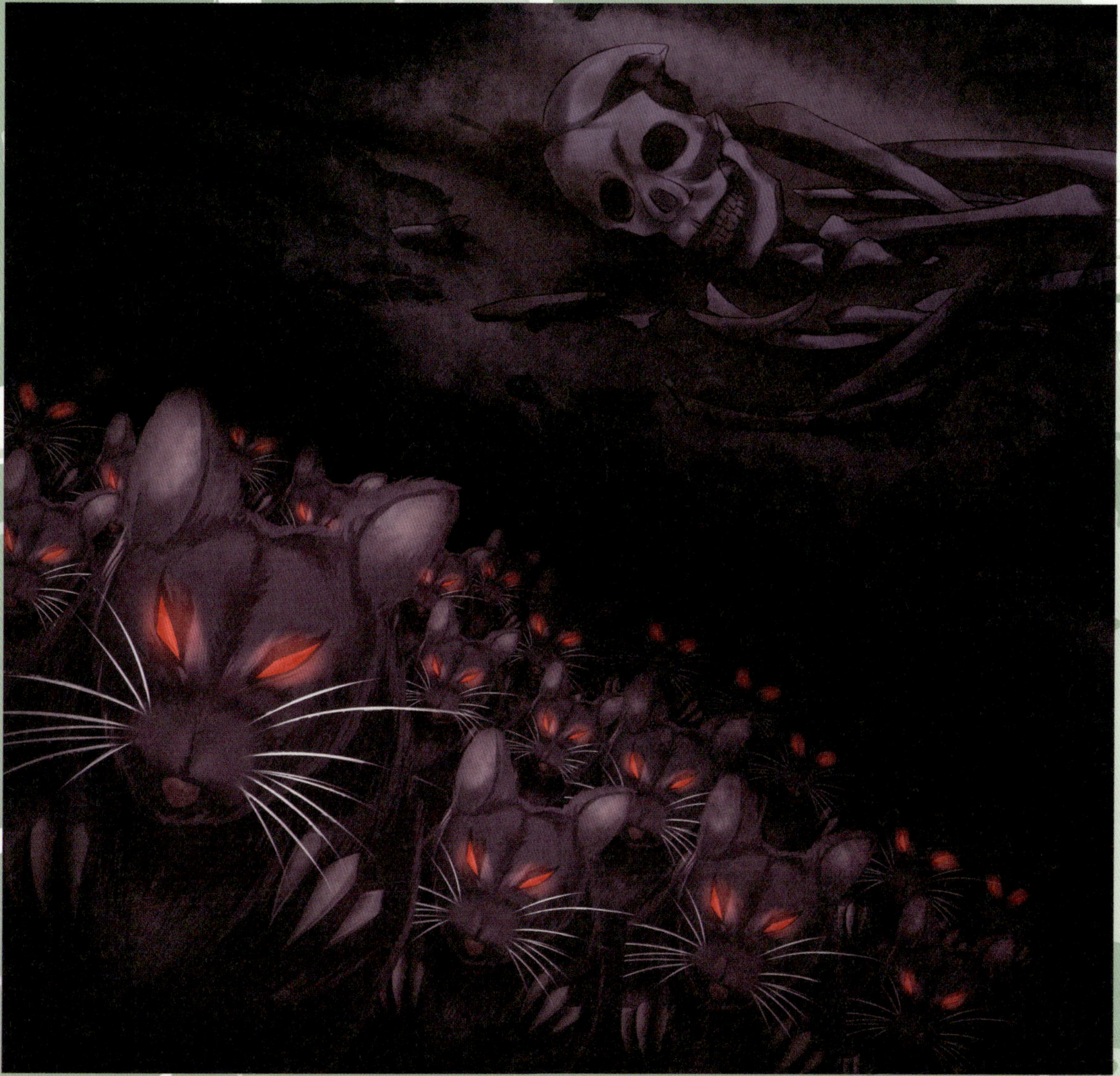

本当《ほんとう》は怖《こわ》い 踏切《ふみきり》

「カンカンカンカン」という、けたたましい音《おと》で
"電車《でんしゃ》が通過《つうか》する"という、危険《きけん》を知《し》らせてくれる踏切《ふみきり》。
この音《おと》が実《じつ》は別《べつ》の危険《きけん》を告《つ》げているのだとしたら……。

踏切《ふみきり》のそばに立《た》つ女《おんな》の子《こ》

見知《みし》らぬ女《おんな》の子《こ》

葵《あおい》さんは、絶対《ぜったい》に近《ちか》くを通《とお》らないと決《き》めた踏切《ふみきり》がある。その踏切《ふみきり》は、地元《じもと》でも大《おお》きなA神社《じんじゃ》の近《ちか》くにある、単線《たんせん》の線路《せんろ》にまたがる踏切《ふみきり》だ。

事件《じけん》は、小学《しょうがく》4年生《ねんせい》の時《とき》の夏休《なつやす》みに起《お》きた。

A神社《じんじゃ》では、夏《なつ》の終《お》わりに大《おお》きな夏祭《なつまつ》りが開《ひら》かれる。学校《がっこう》が休《やす》み中《ちゅう》ということもあって、この日《ひ》は小学生《しょうがくせい》も精一杯《せいいっぱい》のオシャレをして仲良《なかよ》しの友《とも》だち同士《どうし》で待《ま》ち合《あ》わせをして夏祭《なつまつ》りにのぞむ。

葵《あおい》さんもお母《かあ》さんに新《あたら》しい浴衣《ゆかた》を買《か》ってもらい、友《とも》だちのゆりちゃんとかんなちゃんと、夏祭《なつまつ》りに行《い》くのを楽《たの》しみにしていた。

そして当日《とうじつ》。神社《じんじゃ》の近《ちか》くにあるかんなちゃんの家《いえ》で待《ま》ち合《あ》わせて、夏祭《なつまつ》りに出発《しゅっぱつ》することになっていた。

夏祭《なつまつ》りのクライマックスは、花火《はなび》があがる夜《よる》だ。

帰《かえ》りが夜《よる》の8時頃《じごろ》になってしまうため、葵《あおい》さんたちは、かんなちゃんのお母《かあ》さんに

「絶対《ぜったい》に知《し》らない大人《おとな》について行《い》っちゃだめよ」

「3人《にん》でかたまって行動《こうどう》するのよ」

と、しつこく言《い》いきかされていた。

なので、踏切《ふみきり》で知《し》らない女《おんな》の子《こ》を見《み》かけた時《とき》、葵《あおい》さんは、

（誰《だれ》だろう？）

と思《おも》いつつも、そのまま通《とお》り過《す》ぎた。

しかし、葵《あおい》さんはおせっかいやきだ。葵《あおい》さんが踏切《ふみきり》のほうに目《め》をやると、必《かなら》ずその女《おんな》の子《こ》が立《た》っている。

（友《とも》だちを待《ま》ってるのかな？）

（一緒《いっしょ》に遊《あそ》ぶ人《ひと》がいないのかな？）

（どこかの家《いえ》の親《しん》せきの子《こ》かな？）

葵《あおい》さんは話《はな》しかけたくてうずうずしたが、ゆりちゃんもかんなちゃんも全《まった》く興味《きょうみ》がなさそうだったので、見《み》て見《み》ぬフリをしていた。

花火《はなび》が終《お》わった。葵《あおい》さんたちが大《おお》勢《ぜい》の人《ひと》にまぎれて家《いえ》に向《む》かっていると、まだ女《おんな》の子《こ》がいる。

（まだいる）

不思議《ふしぎ》に思《おも》った葵《あおい》さんが女《おんな》の子《こ》のほうをずっと見《み》ていると、それに気《き》付《づ》いたのか、女《おんな》の子《こ》が

「ニッ」

と笑《わら》った。ギラギラした目《め》で真《ま》っ白《しろ》い歯《は》の「気味《きみ》が悪《わる》い」としか言《い》いようのない笑《わら》い方《かた》だった。

ひかれる夢《ゆめ》

その晩《ばん》、葵《あおい》さんは夢《ゆめ》を見《み》た。

「カンカンカンカン」

と踏切《ふみきり》の音《おと》がひびいている。神社《じんじゃ》の近《ちか》くにある、あの踏切《ふみきり》だ。その近《ちか》くで葵《あおい》さんはカエルを触《さわ》って遊《あそ》んでいる。

電車《でんしゃ》が通《とお》り過《す》ぎようとしたその時《とき》、葵《あおい》さんは電車《でんしゃ》に向《む》かってカエルを投《な》げた。カエルはグシャッとつぶれた。

（やめて）

と心《こころ》の中《なか》では思《おも》っているのに、夢《ゆめ》の中《なか》の葵《あおい》さんは電車《でんしゃ》に向《む》かってカエルを投《な》げ続《つづ》ける。電車《でんしゃ》はいつまでもとぎれない。カエルはグシャッとつぶれ続《つづ》ける。

何度《なんど》、カエルをつぶしただろうか。ふわっと、葵《あおい》さんは何《なに》かに持《も》ち上《あ》げられた気《き》がした。

そして……。

持《も》ち上《あ》げられた葵《あおい》さんはそのまま、ぐわんと、電車《でんしゃ》に向《む》かって放《ほう》り投《な》げられた。

夢《ゆめ》の女《おんな》の子《こ》

翌朝《よくあさ》、葵《あおい》さんが
「気持《きも》ち悪《わる》い夢《ゆめ》を見《み》た」

とお母《かあ》さんに話《はな》すと、

「そういえば昔《むかし》、あの踏切《ふみきり》で女《おんな》の子《こ》が電車《でんしゃ》にはねられて亡《な》くなったっていう事件《じけん》があったわね」

という話《はなし》を聞《き》かされた。

なんと女《おんな》の子《こ》は、踏切《ふみきり》のそばで遊《あそ》んでいたところを変質者《へんしつしゃ》によって列《れっ》車《しゃ》に向《む》かって投《な》げつけられて死《し》んでしまったのだという。

「その犯人《はんにん》はまだつかまってないんだけどね」

そう言《い》うお母《かあ》さんの言葉《ことば》を聞《き》きながら、
（あの夏祭《なつまつ》りで見《み》た女《おんな》の子《こ》……）
と、葵《あおい》さんは、踏切《ふみきり》のそばにひとりで立《た》っていた女《おんな》の子《こ》のことを思《おも》い出《だ》していた。
そして、奇妙《きみょう》な夢《ゆめ》も、その女《おんな》の子《こ》が見《み》せたのだとしか思《おも》えなかった。

残《のこ》された手首《てくび》

突然《とつぜん》だが、読者《どくしゃ》のみなさんは、「カシマレイコ」という都市伝説《としでんせつ》を聞《き》いたことがあるだろうか。

「カシマレイコ」の正体《しょうたい》についてはいろんな説《せつ》があるが、最《もっと》も有名《ゆうめい》なのが「電車《でんしゃ》にはねられて死《し》んだ女《おんな》の人《ひと》の霊《れい》」というものだ。

冬《ふゆ》の吹雪《ふぶき》の日《ひ》、北海道《ほっかいどう》のとある踏《ふみ》切《きり》で、女性《じょせい》が電車《でんしゃ》にはねられるという事故《じこ》が起《お》きた。

その日《ひ》はあまりの大雪《おおゆき》で、電車《でんしゃ》から女性《じょせい》の姿《すがた》は確認《かくにん》できなかった。それでも、

「ドーン」

と、大《おお》きな音《おと》がしたため、電車《でんしゃ》が何《なに》かをはねたであろうことは運転手《うんてんしゅ》にも分《わ》かった。

運転手《うんてんしゅ》はあわてて電車《でんしゃ》を停《と》めて、運転席《うんてんせき》から地上《ちじょう》へ降《お》りた。しかし、その場《ば》には何《なに》もなかった。

運転手《うんてんしゅ》は首《くび》をかしげながら、再《ふたた》び電車《でんしゃ》を出発《しゅっぱつ》させた。

体《からだ》が真《ま》っ二《ぷた》つに！

しかし、電車《でんしゃ》にはねられた女性《じょせい》は大《おお》ケガを負《お》っていた。それもなんと、上半身《じょうはんしん》と下半身《かはんしん》が真《ま》っ二《ぷた》つになるという大《おお》ケガを……。

ふつうなら、即死《そくし》の状態《じょうたい》だ。

しかしその日《ひ》は、とても寒《さむ》くて女《じょ》性《せい》の体《からだ》の血管《けっかん》がすぐに固《かた》まってしまったため、ほとんど血《ち》が流《なが》れることはなかった。神経《しんけい》もマヒしていた。

そのため女性《じょせい》はなかなか死《し》ねず、長《なが》い間《あいだ》、上半身《じょうはんしん》だけの姿《すがた》でその場《ば》をはい回《まわ》り、

「私《わたし》の足《あし》はどこ……」

と探《さが》し続《つづ》けたという。

この女性《じょせい》こそ、カシマレイコだ。

都市伝説《としでんせつ》はここからが本番《ほんばん》だ。

この話《はなし》を聞《き》くと数日以内《すうじついない》にカシマレイコが夢《ゆめ》に現《あらわ》れ、

「私《わたし》の名前《なまえ》を知《し》っていますか？」

と聞《き》いてくるのだという。その時《とき》は、

「カシマレイコさんです。カは仮面《かめん》の仮《か》、シは死人《しにん》の死《し》、マは魔界《まかい》の魔《ま》、レイは亡霊《ぼうれい》の霊《れい》、コは子《こ》どもの子《こ》」

と答《こた》えると何《なに》も起《お》こらない。しかし、もし間違《まちが》えたり、答《こた》えられなかったりすると、カシマレイコに体《からだ》の一部《いちぶ》を奪《うば》われてしまうという。

私《わたし》の手首《てくび》、知《し》りませんか？

真咲《まさき》さんの小学校《しょうがっこう》にも、似《に》たような話《はなし》が伝《つた》わっている。

踏切《ふみきり》を横断《おうだん》しようとして、特急電《とっきゅうでん》車《しゃ》にはねられて亡《な》くなった女性《じょせい》がいた。

電車《でんしゃ》のスピードがすごかったため、女性《じょせい》の体《からだ》はバラバラになった。

警察《けいさつ》や駅《えき》の職員《しょくいん》さんによって遺体《いたい》はかき集《あつ》められたが、どうしても右《みぎ》手《て》の手首《てくび》から先《さき》だけが見《み》つからなかったという。

そんな女性《じょせい》の霊《れい》の話《はなし》だ。

この話《はなし》を聞《き》くと、その日《ひ》のうちに

「私《わたし》の手首《てくび》を知《し》りませんか？」

と哀《かな》しげに訴《うった》えかけてくる女性《じょせい》の夢《ゆめ》を見《み》るのだそうだ。その時《とき》、

「私《わたし》は、カシマレイコを知《し》っています」

と言《い》うと、驚《おどろ》いた顔《かお》をして、静《しず》かに消《き》えるのだという。

「ひょっとしたらこの女性《じょせい》は、カシマレイコに体《からだ》の一部《いちぶ》を取《と》られたのかもしれない」

と、真咲《まさき》さんの小学校《しょうがっこう》では、この女性《じょせい》の怪談《かいだん》とともに「カシマレイコ」について知《し》らない人《ひと》はいないのだそうだ。

違《ちが》う答《こた》えを言《い》うと……

ちなみに、女性《じょせい》の問《と》いかけに何《なに》も答《こた》えられないと……。

どこからか、女性《じょせい》のものらしき手《て》首《くび》が現《あらわ》れて、首《くび》を絞《し》められ殺《ころ》されて

しまうのだという。また、

「カシマ、カシマ……」

と答《こた》えにつまったり、名前《なまえ》を間違《まちが》えてしまうと、数日以内《すうじついない》に電車事故《でんしゃじこ》や交通事故《こうつうじこ》などの大事故《だいじこ》に巻《ま》き込《こ》まれてしまうとも言《い》われている。

それはカシマレイコの怒《いか》りを買《か》ってしまうからだ。

そのため、そうして死《し》んでしまった人《ひと》は、第《だい》2、第《だい》3のカシマレイコになって、永遠《えいえん》にこの世《よ》をさまようとウワサされている。

踏切《ふみきり》に呼《よ》ばれる……

理英《りえ》さんは同《おな》じ踏切《ふみきり》で2度《ど》、死《し》にかけたことがある。

1度目《どめ》は赤《あか》ちゃんの時《とき》。

理英《りえ》さんを乗《の》せたベビーカーを押《お》して、お母《かあ》さんがこの踏切《ふみきり》を渡《わた》ろうとしたところ、ちょうど真《ま》ん中《なか》の辺《あた》りで、線路《せんろ》の一部《いちぶ》にベビーカーのタイヤがからみ、動《うご》けなくなった。

お母《かあ》さんはあわててしゃがみ込《こ》み、なんとかしてタイヤを持《も》ち上《あ》げようとした。しかし、どうやってもベビーカーは動《うご》かない。

そのうち、

「カン、カン、カン、カン」

という警報機《けいほうき》が鳴《な》りだした。もうすぐ電車《でんしゃ》がやって来《く》るというその時《とき》、通《とお》りかかった男性《だんせい》が踏切《ふみきり》の中《なか》に駆《か》け込《こ》み、ベビーカーに乗《の》っていた理英《りえ》さんを抱《だ》き上《あ》げ、お母《かあ》さんの手《て》を引《ひ》いて踏切《ふみきり》から助《たす》け出《だ》してくれたのだ。

ベビーカーは電車《でんしゃ》に吹《ふ》き飛《と》ばされて、ぐしゃぐしゃになった。

2度目《どめ》は3歳《さい》の時《とき》だ。

一度《いちど》、怖《こわ》い思《おも》いをしたこともあり、理英《りえ》さんのお母《かあ》さんはほとんどこの踏切《ふみきり》に続《つづ》く道《みち》を通《とお》ることはなかった。

しかし理英《りえ》さんが、

「おうちにかえりたいー」

とぐずりだしたこともあり、近道《ちかみち》になる踏切《ふみきり》を横切《よこぎ》ることにしたのだそうだ。

いざ踏切《ふみきり》を前《まえ》にした時《とき》、ちょうど警報機《けいほうき》が鳴《な》りだした。

「お手《て》てつないで。ここから動《うご》いちゃだめよ」

と、お母《かあ》さんが理英《りえ》さんに言《い》い聞《き》かせていると、理英《りえ》さんが踏切《ふみきり》を指《ゆび》差《さ》し、

「お母《かあ》さん、×☆ちゃん」

と、言《い》い出《だ》した。

「え？」

「×☆ちゃん、○△ちゃん」

そして聞《き》き取《と》れない言葉《ことば》をくり返《かえ》し、うれしそうに、ぱっと踏切《ふみきり》の中《なか》に向《む》かって走《はし》り出《だ》した。

警報機《けいほうき》はけたたましい音《おと》をたてている。

その時《とき》は理英《りえ》さんが大《おお》きな石《いし》につまずいて転《ころ》んでしまったために、踏《ふみ》切内《きりない》に入《はい》ることはまぬがれた。

理英《りえ》さんのお母《かあ》さんは、

（この子《こ》はこの踏切《ふみきり》に呪《のろ》われているのかもしれない）

と感《かん》じ、それ以降《いこう》は理英《りえ》さんがこの踏切《ふみきり》に続《つづ》く道《みち》を通《とお》ることを固《かた》く禁《きん》じた。

再《ふたた》びあの踏切《ふみきり》に……

理英《りえ》さんがそんな自分《じぶん》の話《はなし》を思《おも》い出《だ》したのは、理英《りえ》さんの友《とも》だちのあいこちゃんが、この踏切《ふみきり》のそばの新《しん》築《ちく》マンションに引《ひ》っ越《こ》したからだ。

「遊《あそ》びにおいでよ」

と誘《さそ》われたため、放課後《ほうかご》、あいこちゃんについて行《い》って理英《りえ》さんは驚《おどろ》いた。

「あの踏切《ふみきり》だ」

踏切《ふみきり》の近《ちか》くには、たくさんのお地《じ》蔵《ぞう》さんがあった。理英《りえ》さんは怖《こわ》いと思《おも》った。

にもかかわらず、ついつい、遅《おそ》い時間《じかん》まであいこちゃんの家《いえ》で遊《あそ》んでしまった。

あいこちゃんの家《いえ》を出《で》る時《とき》、理英《りえ》さんは悩《なや》んだ。踏切《ふみきり》を渡《わた》れば自分《じぶん》の家《いえ》まではすぐそこだ。踏切《ふみきり》と反対側《はんたいがわ》の道《みち》を選《えら》ぶと、帰《かえ》るのが遅《おそ》くなってしまう。

理英《りえ》さんは踏切《ふみきり》を渡《わた》ることにした。

そして気付《きづ》いた。

「そういうことだったのか」

踏切《ふみきり》の中《なか》では、たくさんの子《こ》どもたちが遊《あそ》んでいた。そして理英《りえ》さんに気付《きづ》くと、キャッキャとうれしそうに笑《わら》った。理英《りえ》さんは何故《なぜ》かとても懐《なつ》かしく感《かん》じた。

線路《せんろ》のところでしゃがみ込《こ》んで、ひとりの赤《あか》ちゃんを抱《だ》き上《あ》げた。

踏切《ふみきり》が閉《し》まった。警報機《けいほうき》が鳴《な》り始《はじ》めた。

しかし、理英《りえ》さんは動《うご》けずにいた。たくさんの子《こ》どもたちが、理英《りえ》さんの周《まわ》りに〝遊《あそ》んで〟と、まとわりついてきたからだ。でも、このままでは電車《でんしゃ》にひかれてしまう。

理英《りえ》さんは、とっさに抱《かか》えていた赤《あか》ちゃんを投《な》げて踏切《ふみきり》の外《そと》に逃《に》げた。

「ごめんね……」

涙《なみだ》があふれて止《と》まらなかった。

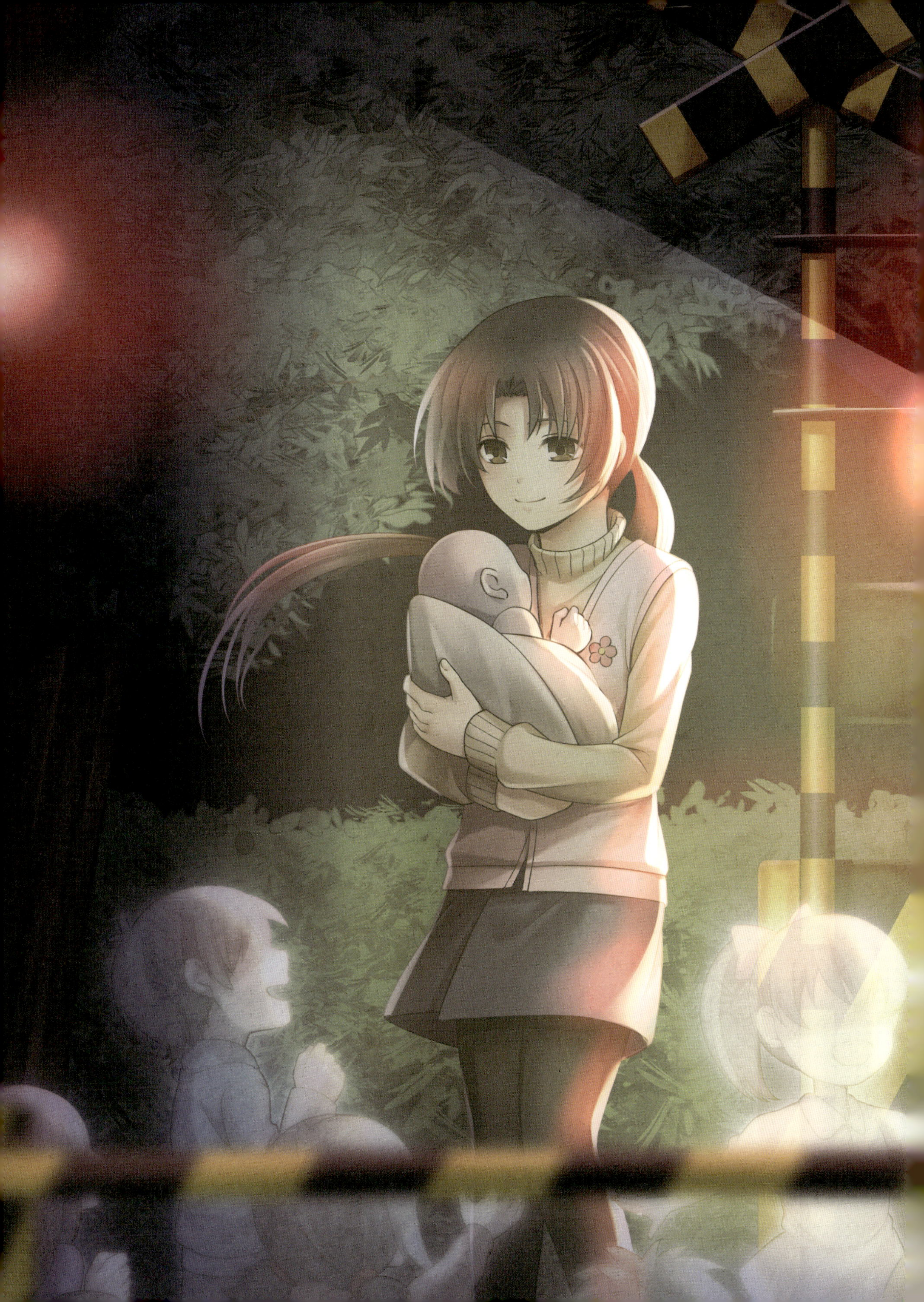

本当《ほんとう》は怖《こわ》い寺《てら》

亡《な》くなった人《ひと》の霊《れい》をしずめる寺《てら》には、
たくさんの怖《こわ》い、不思議《ふしぎ》な話《はなし》が集《あつ》まってくるようです。
あなたの近所《きんじょ》のお寺《てら》には、怖《こわ》いウワサ、ありませんか？

人形《にんぎょう》の寺《てら》

日向《ひなた》くんの家《いえ》の近《ちか》くには、「人形《にんぎょう》寺《でら》」として地元《じもと》ではかなり有名《ゆうめい》なお寺《てら》がある。

古《ふる》くなり、処分《しょぶん》に困《こま》った人《ひと》が持《も》ち込《こ》んだ人形《にんぎょう》やぬいぐるみを引《ひ》き取《と》り、供養《くよう》をしてくれるのだ。

寺《てら》の境内《けいだい》に行《い》くと常《つね》に何《なん》らかの古《ふる》い人形《にんぎょう》が飾《かざ》られていることもあり、地元《じもと》では〝心霊《しんれい》スポット〟扱《あつか》いもされていた。日向《ひなた》くんも

「夜《よる》、あの寺に行くと、人形《にんぎょう》に襲《おそ》われる」

だとか、

「雨《あめ》の日《ひ》に寺《てら》の境内《けいだい》に行《い》くと、人形《にんぎょう》がすすり泣《な》く声《こえ》が聞《き》こえてくる」

などという恐《おそ》ろしいウワサを何度《なんど》も聞《き》いたことがある。

日向《ひなた》くんはこの手《て》のウワサ話《ばなし》が苦手《にがて》だ。何故《なぜ》なら、モロに信《しん》じてしまうからだ。

そのため、家《いえ》のごく近所《きんじょ》にありながら、一度《いちど》も寺《てら》に近《ちか》づいたことがなかった。

人形《にんぎょう》を持《も》ち込《こ》む人《ひと》

そんな日向《ひなた》くんが「人形寺《にんぎょうでら》」に足《あし》を踏《ふ》み入《い》れたのは、黒髪《くろかみ》が美《うつく》しい若《わか》い女性《じょせい》に、

「この辺《へん》に人形寺《にんぎょうでら》があるって聞《き》いたんですけど……」

と道《みち》をたずねられたからだ。

夏休《なつやす》みを間近《まぢか》に控《ひか》え、その日《ひ》は一段《いちだん》と暑《あつ》かった。学校帰《がっこうがえ》りで喉《のど》がかわいていたし、すぐにクーラーの効《き》いていた

た家《いえ》に帰《かえ》りたかったこともあり、

（ヤバいし、めんどくさい）

とは思《おも》ったのだが、人形寺《にんぎょうでら》は地《じ》元《もと》の人間《にんげん》でも分《わ》かりにくい場所《ばしょ》にある。口《くち》でうまく道《みち》を説明《せつめい》する自信《じしん》はなかった。

「知《し》りません」

と言《い》おうかなとも思《おも》ったが、ジリジリと照《て》りつける太陽《たいよう》でボーッとしていたこともあり、

「ぼくの家《いえ》の近所《きんじょ》です。ついて来《き》てください」

と、うっかり言《い》ってしまった。

「いいんですか？」

と満面《まんめん》の笑《え》みで微笑《ほほえ》んだ女性《じょせい》を見《み》て、日向《ひなた》くんはちょっとうれしくはなったが、女性《じょせい》の肩《かた》にかかった大《おお》きなバッグを見《み》て、

（あれ、全部人形《ぜんぶにんぎょう》かな）

と思《おも》うと、怖《こわ》かった。

それでも人形寺《にんぎょうでら》の境内《けいだい》で、

「ありがとう。助《たす》かったわ」

と女性《じょせい》に何度《なんど》も頭《あたま》を下《さ》げられると、悪《わる》い気《き》はしなかった。

日向《ひなた》くんはウキウキした気分《きぶん》で家《いえ》に帰《かえ》った。そんな日向《ひなた》くんの顔《かお》を見《み》たお母《かあ》さんが、

「何《なに》ニヤニヤしてるの？　いいことでもあったの？」

と、しつこく聞《き》いてきた。

人形《にんぎょう》がいる！

しかし、その夜《よる》。

息苦《いきぐる》しさに日向《ひなた》くんは目《め》が覚《さ》めた。

そしてそのまま寝付《ねつ》けなくなり、むくりと起《お》き上《あ》がった。

「トイレに行《い》こう」

と立《た》ち上《あ》がり、ふと部屋《へや》の本棚《ほんだな》を見《み》た瞬間《しゅんかん》、

「うわあああ」

と思《おも》わず叫《さけ》び声《ごえ》をあげた。

昼間《ひるま》出会《であ》った女性《じょせい》によく似《に》た、30センチほどの大《おお》きさの日本人形《にほんにんぎょう》が、部屋《へや》の片隅《かたすみ》の本棚《ほんだな》の中央《ちゅうおう》にちょこんと腰《こし》かけていたからだ。

あまりにも驚《おどろ》きすぎて、日向《ひなた》くんはまた自分《じぶん》の布団《ふとん》にもぐり込《こ》んだ。心臓《しんぞう》のバクバクが止《と》まらなかった。

しばらくして日向《ひなた》くんは、再《ふたた》び本棚《ほんだな》を見《み》た。まだ、日本人形《にほんにんぎょう》がいる。

（どうしよう、どうしよう）

しばらく悩《なや》んだが、意《い》を決《けっ》してガバッと起《お》き上《あ》がり、お母《かあ》さんの部屋《へや》へと走《はし》った。

人形《にんぎょう》の目《め》がキラリと光《ひか》った気《き》がした。

翌朝《よくあさ》、日向《ひなた》くんの部屋《へや》の本棚《ほんだな》に確《たし》かに日本人形《にほんにんぎょう》が座《すわ》っているのを見《み》てお母《かあ》さんは、両手《りょうて》で腕《うで》をさすり首《くび》を振《ふ》りながら、

「いやいやいやいや、日向《ひなた》が持《も》ってきたんじゃないの？」

と疑《うたが》うように言《い》った。

「そんなもの、ぼくが持《も》ってくるわけないじゃん」

日向《ひなた》くんが反論《はんろん》すると、

「いやいや、無意識《むいしき》で気付《きづ》いてないだけかもよ？　もしくは、あんたが昨日《きのう》、人形寺《にんぎょうでら》に案内《あんない》した美人《びじん》が、あんたの手《て》さげカバンにこっそり入《い》れたんじゃない？」

と、からかうような目《め》で日向《ひなた》くん

を見《み》た。日向《ひなた》くんは、

「百歩《ひゃっぽ》ゆずって、あの女《おんな》の人《ひと》がぼくのカバンに人形《にんぎょう》を忍《しの》び込《こ》ませたとしよう。それにしたって、本棚《ほんだな》にこんなにきちんと置《お》かれているのは、おかしいよ」

と猛烈《もうれつ》に抗議《こうぎ》した。じゃあ、何故《なぜ》、人形《にんぎょう》が日向《ひなた》くんの部屋《へや》の本棚《ほんだな》に置《お》かれているのだろうか。

「分《わ》かった。とにかく、その人形《にんぎょう》はいらないのね？　じゃあ、お父《とう》さんに人形寺《にんぎょうでら》に持《も》って行《い》ってもらいましょう」

お母《かあ》さんは、最後《さいご》まで人形《にんぎょう》のほうを見《み》ようとしなかった。つまり、お母《かあ》さんも怖《こわ》いのだ。

帰《かえ》ってきた人形《にんぎょう》

日向《ひなた》くんとお母《かあ》さんの会話《かいわ》を隣《となり》で聞《き》いていたお父《とう》さんは、

「別《べつ》にいいけど」

と本棚《ほんだな》の人形《にんぎょう》をかかえ上《あ》げた。そして出勤前《しゅっきんまえ》に人形寺《にんぎょうでら》に人形《にんぎょう》を持《も》って行《い》ってくれた、はずだった。

しかし……。

日向《ひなた》くんが学校《がっこう》から帰《かえ》ると、なんと当然《とうぜん》のようにあの日本人形《にほんにんぎょう》が、日向《ひなた》くんの部屋《へや》の本棚《ほんだな》にちょこんと腰《こし》かけていた。

日向《ひなた》くんは朝《あさ》、玄関《げんかん》で、人形《にんぎょう》を抱《だ》きかかえているお父《とう》さんの姿《すがた》を確《たし》かに見《み》た。なのに、人形《にんぎょう》がいる！

「お母《かあ》さん、お母《かあ》さん！」

日向《ひなた》くんは震《ふる》えが止《と》まらなかった。

「人形《にんぎょう》がいる！　本当《ほんとう》にいる！　何《なん》で、人形《にんぎょう》がいるんだよ！　お父《とう》さんは？　お父《とう》さんが持《も》って行《い》ってくれたはずじゃん！」

日向《ひなた》くんはリビングの真《ま》ん中《なか》で頭《あたま》を抱《かか》えた。

（もう、自分《じぶん》の部屋《へや》に二度《にど》と入《はい》りたくない！）

ブルブル震《ふる》える日向《ひなた》くんを見《み》て、お母《かあ》さんも決心《けっしん》したようだ。

結局《けっきょく》、お母《かあ》さんに人形《にんぎょう》を抱《だ》きかかえてもらい、ふたりですぐに人形寺《にんぎょうでら》へと向《む》かった。

人形《にんぎょう》に秘《ひ》められたもの

日向《ひなた》くんのお母《かあ》さんが住職《じゅうしょく》にこの日本人形《にほんにんぎょう》を見《み》せると、住職《じゅうしょく》は一瞬《いっしゅん》ギョッとした表情《ひょうじょう》を見《み》せ、

「なるほどね」

と小《ちい》さくつぶやいた。そして、こんな話《はなし》を聞《き》かせてくれた。

昨日《きのう》、日向《ひなた》くんが人形寺《にんぎょうでら》に案内《あんない》した女性《じょせい》は、隣町《となりまち》の大《おお》きな旧家《きゅうか》のお嬢《じょう》さんなのだそうだ。

女性《じょせい》が言《い》うには、数年前《すうねんまえ》から蔵《くら》の

中《なか》からボソボソという誰《だれ》かの話《はな》し声《ごえ》がするような気《き》がしていた。

そして数日前《すうじつまえ》、

（絶対《ぜったい》に誰《だれ》かが話《はな》している）

と確信《かくしん》し、その声《こえ》がする方向《ほうこう》を探《さが》してみた。すると、なんと地下《ちか》に続《つづ》く小《ちい》さな階段《かいだん》を発見《はっけん》し、さらに小《ちい》さな小部屋《こべや》があるのを見《み》つけた。

そこには丁寧《ていねい》にたたまれた一式《いっしき》の古《ふる》びた布団《ふとん》と枕《まくら》、そして人形《にんぎょう》が十数《じゅうすう》体《たい》、転《ころ》がっていたのだそうだ。

驚《おどろ》いた女性《じょせい》は、このことをすぐに家族《かぞく》に報告《ほうこく》した。そして、地下室《ちかしつ》にあった人形《にんぎょう》を全《すべ》て、この人形寺《にんぎょうでら》に持《も》って行《い》くことにした。

日向《ひなた》くんの部屋《へや》にあった日本人形《にほんにんぎょう》は、人形《にんぎょう》の風貌《ふうぼう》や古《ふる》さから見《み》て、

「あの女性《じょせい》が持《も》ち込《こ》んだ人形《にんぎょう》の中《なか》の一体《いったい》だろうね」

と住職《じゅうしょく》は言《い》う。そして、

「実《じつ》は、その旧家《きゅうか》には昔《むかし》、若《わか》くして死《し》んだ女《おんな》の子《こ》がいたそうなんだ。女《おんな》の子《こ》は生《う》まれつき喘息《ぜんそく》をわずらっていたらしくてね。そのまま結核《けっかく》にかかって、地下室《ちかしつ》での生活《せいかつ》を強《し》いられていたそうなんだ。昔《むかし》は、病気《びょうき》がうつるのを嫌《いや》がって、そうする家《いえ》は多《おお》かった。人形《にんぎょう》は、そんな女《おんな》の子《こ》の唯《ゆい》一《いつ》の友《とも》だちだったようなんだよ」

と日向《ひなた》くんに教《おし》えてくれた。女《おんな》の子《こ》は、家族《かぞく》の者《もの》からもやさしくされることなく、人知《ひとし》れず、地下室《ちかしつ》で息《いき》をひきとったという。

人形《にんぎょう》の涙《なみだ》

住職《じゅうしょく》は日向《ひなた》くんの人形《にんぎょう》を手《て》に、うんうんとうなずいて、

「かわいそうに。この人形《にんぎょう》の中《なか》に、その女《おんな》の子《こ》の魂《たましい》が入《はい》っているようだ。初《はじ》めて人《ひと》にやさしくされて、キミのことが好《す》きになったようだよ」

そんなことを言《い》われても、と日向《ひなた》くんはギョッとした。住職《じゅうしょく》は人形《にんぎょう》に向《む》かって言《い》い聞《き》かせるように、

「大丈夫《だいじょうぶ》。そばにいたかっただけみたいだ。この子《こ》は悪《わる》さはしない。ただ、やさしくしてくれる人《ひと》のそばにいたかったんだね」

とつぶやき、微笑《ほほえ》んだ。

そう言《い》われて人形《にんぎょう》を見《み》ると、少《すこ》しかわいそうな気《き》がした。日向《ひなた》くんは、人形《にんぎょう》に出会《であ》ってから初《はじ》めて、人形《にんぎょう》を抱《だ》き上《あ》げた。そしてぎゅっと胸《むね》に抱《だ》きしめ、

（お前《まえ》、今度《こんど》生《う》まれ変《か》わったら健康《けんこう》な体《からだ》で生《う》まれてこいよな）

と心《こころ》の中《なか》で語《かた》りかけた。

人形《にんぎょう》の目《め》に、少《すこ》し涙《なみだ》が浮《う》かんだような気《き》がした。

【イラストレーター・プロフィール（五十音順）】

岩元健一（いわもとけんいち）
ゲーム会社勤務を経てフリーのイラストレーターとして活動中。

MAKO.
福岡県生まれの漫画家・イラストレーター。児童書・学習漫画・企業漫画・キャラクターデザイン他、幅広く活動中。おもな作品に『ロボットを動かそう！mBot でおもしろプログラミング』『学研まんが NEW 世界の伝記 ワンガリ・マータイ』など。

柳 和孝（やなぎかずたか）
今回は「怖い場所」ということで、できるだけおどろおどろしい雰囲気になるように描きました。この本を楽しんでいただければ幸いです！

山上七生（やまがみななお）
イラストレーター。普段描かない場面や表情が多かったため、試行錯誤しながらも楽しく描かせていただきました。是非何度も読んでお話の世界を堪能してください！

あなたの後ろの本当は怖い場所 屋外編

著　者　野宮麻未・怖い話研究会
イラスト　岩元健一・MAKO.・柳 和孝・山上七生
イラスト協力　サイドランチ
発行者　内田克幸
編　集　池田菜採
発行所　株式会社理論社
〒103-0001　東京都中央区日本橋小伝馬町9-10
電話　営業03-6264-8890　編集03-6264-8891
URL　http://www.rironsha.com

2017年7月初版
2017年7月第1刷発行

表紙イラスト　MAKO.
ブックデザイン　東 幸男(east design)
印刷・製本　図書印刷

ISBN978-4-652-20218-0 NDC387 B5変型判 27cm 111p

あなたの住んでいるところにもきっとある、
怖〜い話、知りたくありませんか？

47都道府県 あなたの県の怖い話

上下巻 112ページ NDC387

日本全国47都道府県の怖い話を網羅。
あなたの住む県にも、必ずある怖い話。
都市伝説から、本当にあった話、
新聞や記録に残っている不思議な話、
伝説になっている怖い話、
UFOや未確認生物の話まで、
ドキドキしたいときにピッタリ！

上巻

北海道・東北地方、
関東地方、中部地方

下巻

近畿地方、中国地方、
四国地方、九州地方